决定名人一生的一件家教小事

江风　编著

中国和平出版社

图书在版编目（CIP）数据

决定名人一生的一件家教小事／江风编著.

– 北京：中国和平出版社,2012.8

ISBN 978 – 7 – 5137 – 0434 – 2

I.①决… Ⅱ.①江… Ⅲ.①儿童教育 – 家庭教育

Ⅳ.①G78

中国版本图书馆 CIP 数据核字（2012）第 198689 号

《决定名人一生的一件家教小事》

江 风 编著

出 版 人：肖 斌

责任编辑：周 彧 何巧云

封面设计：北京上品分享文化传媒有限公司

责任印务：刘永来

出版发行：中国和平出版社

社 址：北京市海淀区花园路甲 13 号院 7 号楼 10 层（100088）

发 行 部：(010)82093738 82093737（传真）

网 址：www.hpbook.com

投稿邮箱：hpbook@hpbook.com

经 销：新华书店

印 刷：北京东光印刷厂

开 本：710 毫米×1000 毫米 1/16

印 张：12

字 数：185 千

印 数：1—7000 册

版 次：2012 年 10 月北京第 1 版 2012 年 10 月北京第 1 次印刷

ISBN 978 – 7 – 5137 – 0434 – 2 定 价：19.80 元

目 录
CONTENTS

▶ ▶ ▶ 下　外国篇

上 中国篇

孔子：
母亲教给他文明举止

　　有一次，孔丘与另一个孩子相互间拉拉扯扯，母亲看见了，当即制止了儿子。她要求儿子举止要文明、不说粗话，不做粗鲁的游戏，做一个规规矩矩的孩子。从此，当别的孩子在大街上追鸡逐狗，在树林草丛捉虫捕蝉时，孔丘玩的是祭拜的游戏。正是母亲的言传身教，才使孔丘从小就知书达理，具备了成为圣人贤士的最基本素质。

孔子（前551~前479），名丘，字仲尼，山东曲阜人。春秋后期思想家、教育家，儒家学派的创立者，中国传统伦理的奠基人。

孔丘的父亲是一个力大无比的武官。3岁时，他的父亲去世了，父亲的前两个妻子和子女把他们母子赶出家门。母亲带着他回到曲阜阙里的娘家。

孔丘和母亲来到曲阜时，正是周围各诸侯国大兴周礼的年代，因为鲁国懂得周朝礼乐最多，各国纷纷派人到鲁国取经。贵宾来临，就会隆重接待，场面非常热闹。孔丘住在城里，见得多了，对礼乐产生了特别的爱好。

孔丘的母亲是位贤良的女人，她把全部的心血都倾注在了儿子的身上。有一次，孔丘与另一个孩子相互间拉拉扯扯，母亲看见了，当即制止了儿子。她要求儿子举止要文明、不说粗话，不做粗鲁的游戏，做一个规规矩矩的孩子。从此，当别的孩子在大街上追鸡逐狗，在树林草丛捉虫捕蝉时，孔丘玩的是祭拜的游戏。他模仿贵族们祭祀时的大礼，把祭祀用的器物，按照礼数摆放得整整齐齐，还分出等级。摆好后，就练习磕头行礼……

正是母亲的言传身教，才使孔丘从小就知书达理，具备了成为圣人贤士的最基本素质。

有一年的秋天，乌云滚滚，寒风飕飕，落叶从树上纷纷飘下来，随风翻飞。这时，年少的孔丘正聚精会神地在窗下读书，由于天气太冷，他又穿着单薄的衣服，不时地搓着手。坐在一旁的母亲心疼地说："孩子，歇一会儿吧！"

"好啊！"孔丘答应着站起身，拿起放在桌旁的俎豆（当时行礼用的器具），不声不响地出了屋门。

母亲忙说："孩子，外面风大，天又这么冷，眼看就要下雨了，你不要到院子里去玩了吧。"

孔丘一脸正色地回答："不是啊，母亲，我这是在祭祀神灵，行大礼呢！"

"你行大礼干什么呢？"母亲问他。

"如果我现在不学好礼仪，长大就不知道怎样做人了。"

母亲听了孔丘的话，惊讶得说不出话来。见儿子将自己的话牢牢地记在了心上，母亲别提有多欣慰了。

那时候，要进入上层社会，必须学会六艺，即礼、乐、射、御、书、数。礼，就是周礼；乐，就是周朝的音乐和乐器；射，是指射箭技能；御，是指驾驭马车的技能；书，是会写字做文章；数，是会计算。孔丘天资聪颖、善于思考，他谨遵母亲的教诲，努力做一个正人君子。此时的孔丘，胸中有丘壑，他希望能一展自己的抱负。

为此，他曾向老聃学习周礼，向苌弘学习乐谱，他还向鲁国乐官师襄子学琴艺。一次，孔丘弹一支曲子，他一连弹奏了十多天也不调换。师襄子建议他换个曲子，孔丘说："我已经熟悉这支曲子了，但还没有领悟它的技术。"过了些时候，师襄子说："您已经掌握了弹奏这支乐曲的技术，可以弹别的了。"孔丘说："我还没有领悟它的用意。"又过了一段日子，孔丘仍在弹那支曲子，师襄子不耐烦地说："您已经了解它的用意，可以换换曲子了。"孔丘说："我还没有领悟它描写的人物形象呢。"又过了一些时候，孔丘终于停下不弹了，他默然有所思，向远处眺望，说："我可能领悟到了，这人又高又大、皮肤很黑，眼睛向上看，好像要统一四方，好像是周文王吧！"师襄子听了非常震惊，说："这支曲子就叫做《文王操》啊！"

孔丘孜孜不倦地在求学道路上探索和进取，他向名人学，也向平民百姓学习。他没有辜负母亲对自己的殷切期望。

三十而立的孔丘办起了私学，招收了很多学生，据说前后大概有3000多人。孔子招学生不分贵贱，所以入学的学生有贵族子弟，也有平民子弟，有鲁国境内的青年，还有鲁国以外的学子。孔子培养学生有一套独特的方法，循循善诱。孔丘对待这些学生，就像当年母亲对待他一样，特别注重对学生的人格教育。事实证明，孔丘施教有方，他的学生中，精通六艺的得意门生就有72人。这些学生都成了远近闻名的贤德君子。

作为儒家学说的创始人，可以说，孔子受到了母亲极大的影响，他的学术以礼仪为规范，以仁爱为根本，培养出的是品学兼优的道德君子，这跟母亲当年教育他时的初衷是一致的。

孔子在教育上是成功的，但在仕途上却屡屡碰壁。他曾出任过鲁国的司寇，但终因得罪国君而丢了官，他伤心地带着学生离开了鲁国。

公元前498年，为能寻到一块实现自己抱负的乐土，孔子开始周游列国。期望能遇到一个贤明的国君，以便施展自己的才华。但是他的满腔学问和治国主张，没有人感兴趣，用他自己的话来说，犹如丧家之犬，受到驱逐。他游历了整整14年，历经磨难，仍无结果，只得返回鲁国，这时他已68岁了。

晚年，他整理《诗》、《书》，并编撰了一部名叫《春秋》的编年体史书。

公元前479年的初春，孔子病倒了。一天清晨，他拄着拐杖，站在门口低声唱道："泰山要倒，梁柱要断，哲人也像草木一样，要枯，要烂啊！"

他的学生见后赶快扶他上了床。从这一天起孔子不发一言，不进水米，7天后他离开了人世。

孔子死后，他的弟子将他的言论编成了一部名叫《论语》的著作。在接下来的几千年里，他的思想得到了广泛流传，并且牢牢地主宰了中国人的生活。

父母是孩子的第一启蒙老师，良好的家庭教育会让孩子受益一生。孔子正是在母亲严格的教育下，从小养成了文明的好习惯，并最终成为著名的思想家、教育家。

学而时习之，不亦乐乎。
——孔子

孟子：
母亲的剪刀让他顿悟人生

　　一天中午，逃学的他背着书包假装从学校回家。母亲叫他过来，问道："轲儿，娘织的布好不好？""好啊。"孟轲奇怪母亲为什么问这个。母亲拿出一把锋利的剪刀，咔嚓一下，把丝线全部剪断，织了一半的布和线都不能用了。"你知道什么是半途而废吗？"母亲问他。儿子明白了母亲的意思，从此，他发愤学习，谨遵母亲的教诲，再也不三心二意了。

孟子（前372~前298），鲁国人（今山东邹县），名轲，战国时期著名思想家、教育家，儒家学派的代表，创立并倡导"仁政"，有"亚圣"之称。

孟子的先辈曾是鲁国的贵族，后来沦落为穷人。父母亲都受过良好的教育，在父母的教育下，孟轲很小就对知识和学问产生了兴趣。

孟轲4岁时，父亲就去世了。母亲思念父亲，就住在墓地附近。有一天，孟母发现孟轲和小伙伴们在玩出殡的游戏，有的在哭，有的模仿抬棺材，还有的模仿吹喇叭，一个个兴高采烈。孟母告诉小孟轲，发丧没有什么好玩的，失去亲人是很痛苦的事。孟轲答应了，可过几天又玩起来。

孟母意识到环境对孩子的不良影响，就搬到一个集镇上，以织布为生。小孟轲毕竟年纪还小，喜欢热闹，集镇上最吸引他的是杀猪宰羊的屠宰场。他经常和一群小朋友围观，看着屠夫手起刀落血淋淋的场面，开始有些害怕，后来竟觉得好玩。

有一天，孟母正在家织布，小孟轲从外面兴奋地跑回家，脸上红彤彤的，满头大汗，更让母亲大吃一惊的是，他手上还有血迹。孟母厉声责问道："你是不是干什么坏事了？""没有，我们杀小猪玩呢！"孟轲急忙辩解。

"杀猪？杀猪是你们小孩玩的吗？"孟母着急地说。

"挺好玩啊，小猪又蹦又跳，还嗷嗷叫，好不容易才按住它。"看着孟轲满不在乎的样子，孟母又急又气，小小年纪，没有仁爱之心，却喜好残忍之事，将来如何继承孟家的仁德之风。于是，他们又搬家了。

这次他们搬到一所学堂边。每天早上，学堂窗口飘出琅琅的读书声，深深地吸引着小孟轲。他经常站在窗外，跟着里面的学生一起背书。学堂的老先生一问，发现他已认得不少字，《诗经》、《论语》也能背一些，先生不嫌他家穷，让他一起读书。孟轲认真读了半年多，又犯了爱玩的老毛病，时常逃学，被孟母发现了。

一天中午，逃学的他背着书包假装从学校回家。母亲叫他过来，问道："轲儿，娘织的布好不好？""好啊。"孟轲奇怪母亲为什么问这个。母亲拿出一把锋利的剪刀，咔嚓一下，把丝线全部剪断，织了一半的布和线都不能用了。"你知道什么是半途而废吗？"母亲问他。

儿子明白了母亲的意思。联想到母亲三次搬家都是为了给他营造一个良好的学习氛围，而自己却屡屡让含辛茹苦的母亲失望，孟轲感到深深的自责。从此，他发愤学习，谨遵母亲的教诲，再也不三心二意了。

孟子青年时期到了鲁国，在孔子的孙子子思门下学习，接受了很多儒家思想。后来，他的学问和名气越来越大，人们都说他是孔子的继承人，他自己也这么认为。他决定像孔子一样周游列国，宣传他的"仁爱"主张。

孟子周游列国，各国的国君对他都挺客气，毕竟是名人嘛。齐国的国君还让他当了卿相。不过客气归客气，"仁爱"的主张却基本上不予采纳。乱世中的每一个统治者都会想，你叫我不打仗，那别人打我怎么办？你叫我"取于民有制"，这道理其实谁都懂，也就是不要杀鸡取卵，可是天下这么乱，我不多收点税，军饷从哪里来？20个地瓜我才拿一个，我不喝酒啦？不吃肉啦？那么多女人不养活啦？

孟子到了晚年，知道自己的政治理想无法实现了，就从齐国辞官回乡，以教书为业。回顾自己的一生，他最感谢的是母亲，母亲坐在织布机前手握剪刀的情形让他不无感叹，他感到心中有愧，母亲为他付出了那么多心血，可自己做得还远远不够好。

虽然孟子的思想，不为当世所重，但在中国长期的封建社会中，特别是宋代以后，他的著作《孟子》却被奉为经典，对于中国历代社会的政治、思想、文化、道德传统产生了很大影响，成为中国古代文化遗产中的重要组成部分。

孟子认为人性本善。他说，孩提之童，知爱其亲。他认为好人坏人之分，是由于社会的影响。他把人比做山木。他说，山上的树木本来是茂美的，但因为它接近都市，人们砍伐不休，牛羊践踏不已，于是长得不成样子，你能说这些树木本来是不美的吗？人也是这样，本有善性，但不断被摧残，得不到发扬，最后变得同禽兽差不多，这能说人的本性原来就是这样的吗？在中国历史上，性善论对人们的思想、文化、教育及心理影响深远。

从文学角度讲，《孟子》行文磅礴，饱含情感的特点，历来受到人们的推崇。汉代的贾谊就学孟子，尤其是他的《过秦论》，其气势，其感情，都酷似孟子。唐宋古文家，也很推崇孟子，在其代表人物韩愈的文章里，时时都可以看到孟子的影子。可以说，孟子的散文为中国政论文开创了一个良好的传统。

> 天将降大任于斯人也，必先苦其心志，劳其筋骨，饿其体肤，空乏其身。
>
> ——孟子

司马迁：
父亲的点拨开启了他的漫游生活

　　父亲告诉他，写一本史书，仅有书本上的知识是不够的。古人说，行万里路，读万卷书，就是说从实践中获得真知。司马迁很受启发，不久，便开始了他的漫游生活。漫游生活为他的《史记》创作提供了许多鲜活的材料。

司马迁（前145~前86），字子长，陕西韩城人，汉朝史学家、文学家。历时十余年编写的《史记》是中国第一部纪传体通史，被称为"史家之绝唱，无韵之离骚"。

司马迁的故乡南临黄河，北临著名的龙门山，相传大禹曾在龙门凿山治水。韩城古称少梁，春秋战国时代，不少著名的战役都发生在这里。气势恢弘的大河名川，厚重丰富的历史文化，给年幼的司马迁许多熏陶。司马迁的童年在家乡度过，经常听老人们讲述家乡的历史传说。他想，要是能把这些精彩的历史故事都记载下来该多好啊！

他的父亲司马谈是汉武帝的太史令，是一位治学严谨、知识渊博的学者，专门负责编修天文、历法和历史文献。生长在史官家庭，耳濡目染，司马迁从小就养成了读书的习惯。

10岁时，司马迁在读书中碰到了"拦路虎"，因为许多古代文章是用籀文写成的。籀文是周朝时的文字，类似大篆体。遇到不懂的他就向父亲请教，细心揣摩，终于学会了籀文。这样，那成堆的竹简书就再也难不倒他了。他还到处拜师，向儒学大师孔安国学习古文《尚书》，向董仲舒学习公羊派《春秋》，知识越来越丰富了。

书读多了，司马迁也萌生了写书的念头。但是父亲告诉他，如果写一本史书，仅有书本上的知识是不够的。古人说，行万里路，读万卷书，就是说从实践中获得真知。司马迁很受启发，不久，便开始了他的漫游生活。

这一天，司马迁驾着马车来到薛城，了解当年齐国丞相孟尝君的情况。前几天，他刚到过曲阜，参观了孔子的庙堂，当地的书生文质彬彬，给他留下深刻印象。进了薛城城门，他发现街上到处都是习武卖艺的，有的在舞剑，有的在打拳，言行举止豪放粗鲁。

司马迁很纳闷儿，曲阜、薛城不过相距200余里，民风为何如此不同？他向一位白发苍苍的老者求教，老人告诉他："当年，孟尝君喜欢招揽天下的英雄豪杰，只要来投奔他，统统收留。天长日久，少说也有6万多户了。你想，这么多侠客义士到了俺薛城，这里的风俗能不改变吗？"司马迁又在城里打听了许多人，收集到许多关于孟尝君的故事，后来写成《孟尝君列传），成为《史记》中最精彩的篇章之一。

司马迁行程数万里，足迹遍天下，为《史记》的写作搜集了许多新鲜的材料。这时，他又一次体会到父亲的良苦用心，要写史书，闭门造车是不行的，只有经过深入地考察、反复地核实，获得第一手最真实的资料才能写出最生动、最全面、最真实的史书。

然而，对司马迁一生影响最大的父亲没过多久却去世了。

那一年，汉武帝要到泰山去举行"封禅"大典，司马迁的父亲司马谈也跟着汉武帝前往。可是刚到了半路，司马谈就染上了重病，只好留在了洛阳附近的一个小镇上，正好从西南回来的司马迁赶到了洛阳，气息奄奄的司马谈对司马迁说：

"孩子，我死了以后，你一定要做太史令，继续我的事业。自从孔子编了《春秋》后，已经400多年没有人再写过历史了。汉朝现在统一了，国家安定了，这是一个多好的机会啊！"

司马谈死后的第三年，司马迁被汉武帝任命为太史令。不久司马迁便开始写作了，他反复比较和研究历代的史料，然后又把自己多年漫游所掌握的材料做了全面的整理，最后他决定写一部史料真实全面的史书。

公元前99年，汉朝大将军李陵奉汉武帝的命令，率领5000步兵进攻匈奴，后来终因孤军深入，被8万匈奴兵包围。李陵拼死突围，斩杀了无数的敌人，但最后粮草断绝，不得已当了俘虏。这个消息传到朝廷的时候，汉武帝大发雷霆，司马迁平日跟李陵并没有什么深交，但他仗义疏言，他对汉武帝说："李陵率领的5000步兵，作战十多天，杀伤了无数敌人，最后弹尽粮绝，投降绝非本意。"司马迁的话激怒了汉武帝，后来司马迁被关进了监狱，并且受到了严刑拷打。没过多久，又从北方传来消息说，李陵正在帮助匈奴练兵，来准备攻打汉朝。其实这是一个谣传，可是汉武帝信以为真，马上命令把李陵的家属全部杀死。只替李陵讲了几句实话的司马迁也被汉武帝下令处以死刑。当时要避免死刑只有两个办法，一个就是花50万钱赎罪，另一个就是用腐刑（就是割掉生殖器）来代替死刑。

司马迁的家境并不富有，用50万钱来赎罪是不可能的事情，他想着自己未完成的史书，又实在是不想就此死去，在万般无奈之下，他只好接受腐刑。

公元前96年，汉朝打败了匈奴，平定了边境，汉武帝一高兴，便下令释放一些关押在监狱里的罪犯，被关押了3年的司马迁这才得以重见天日。

司马迁出狱后当上了中书令，专门负责掌管皇帝的诏书和大臣的表章。司马迁平日除了默默无闻地工作以外，他几乎把空余的时间都用来写史书了。公元前91年，汉武帝和他的儿子在长安进行了一场10万人参加的大血战，结果，汉武帝战胜了他的儿子。为此几乎所有的臣子都前去祝贺，唯独司马迁仍然埋头写他的史书，也就是这一年，他完成了他的著作——《太史公书》，那一年司马迁已经52岁了。在这本书里，司马迁根据自己多年游历所获得的第一手资料写就了许多不朽的篇章，他终于完成了父亲的心愿。

《太史公书》很快地流传开了，后来人们把它叫做《史记》。《史记》一共有52万字，分为十二本纪、十表、八书、三十世家、七十列传，共130篇。

《史记》不仅是我国文学和史学上的重要著作，就是在全世界，也是一部奇书。鲁迅先生赞它是"史家之绝唱，无韵之离骚"。

成长启迪：

司马迁之所以能成为一代史学家、文学家，是与他的漫游生活分不开的。而他的漫游生活正是受了他父亲的点拨。在一个人的成长过程中，父母或老师的一句话，很可能会影响他们的一生。

一日为师，终生为父。

——司马迁

中國人民郵政 8分

張衡(公元78-139)天文學家,發明
渾天儀和地動儀。
纪33.4-1   (125)1956

张衡：
祖母的故事燃起他探密太空的欲望

　　夏日的夜晚，天空澄澈，月光如水，祖孙俩坐在院子里，祖母给他讲嫦娥奔月、吴刚伐桂的故事。有时他会突然问祖母，为什么晚上会有月亮？白天月亮哪去了？晚上太阳又躲在哪里？多年后，张衡对于当初祖母不能解释的问题已经了然于胸，但对于祖母，他始终抱着深深的敬意，正是因为祖母当年的启发，他才萌发了探密太空的强烈愿望。

张衡（78~139），字平子，河南南阳人，东汉著名的天文学家。他制浑天仪，造地动仪，他写的天文学著作《灵宪》，阐述了天地日月星辰的生成和运动。他还是一位机械技术大师，才情高远的文学家和画家。

张衡出生在一个很有名望的诗书世家，祖父张堪学识渊博、品德高尚，在任渔阳太守时，抗击匈奴，发展生产，深受老百姓的拥护。祖父为官清廉，两袖清风，去世后并没有给家中留下多少钱财。张衡很小的时候，父亲就去世了，家境比较贫寒。

幼小的张衡最喜欢听祖母讲故事。夏日的夜晚，天空澄澈，月光如水，祖孙俩坐在院子里，祖母给他讲嫦娥奔月、吴刚伐桂的故事。有时他会突然问祖母，为什么晚上会有月亮？白天月亮哪去了？晚上太阳又躲在哪里？祖母笑着摇摇头，她也无法解释。

张衡一直对此"耿耿于怀"，祖母见张衡小小年纪便懂得思考问题很高兴，但他每天沉迷在"白日梦"之中也不是办法，便对他说，要将这些问题搞明白，必须先做学问，因为只有有学问的智者才能解释这些深奥的问题。

这使张衡茅塞顿开，是呀，不做学问，自己就是个愚蠢的人，怎么会明白这些神秘而又深奥的知识呢？

从那以后，张衡更加酷爱读书了。除了读书以外，他还经常观察工匠们干活。要不就摆弄竹片、树枝，做些精巧的小玩意儿给朋友玩。在石桥镇，几乎没有比他更心灵手巧而且有学问的人了。但他一点也不满足，决定到外地去游学，以增长学问。

在当时，长安是西汉的都城，洛阳又是东汉的都城，人们合称它们为"二京"。张衡决定到"二京"游学。他辞别家乡，首先向西到长安去，开始了他的游学历程。一路上，他四处拜访有学问的人，并把听到和看到的事都记了下来。在洛阳，他结交了许多有学问的人，其中崔瑗便是他的一个好朋友，俩人对天文历法都很感兴趣。

由于勤奋好学，张衡很快便成了洛阳城的著名人物。有一次，南阳太守派人来告诉张衡，推荐他去当官。但他谢绝了。他认为做不做官不要紧，要紧的是研究学问。后来官府又几次派人来请张衡去做官，他都没有答应。

几年过去，张衡学问大有长进，名声也越来越卓著了。但他家的生活越来越困窘，正巧南阳太守鲍德又来请他去做官，他想到鲍德是一个有道德、有学识、有修养的人，就答应了他。于是，张衡在鲍德的手下做了一名主簿，负责处理和起草公文。

在鲍德的手下干了一段时间，张衡帮助老百姓干了许多好事，不断显露出他的才干。鲍德见他果然有才干，更加信任他了。他又建议鲍德建立了郡学，供读书人学习。不久，他又把自己的游学经历写了下来，这便是著名的《二京赋》。他前后用了10年时间，才最后写成。这篇赋一写成，立刻轰动了京城。读书人争着阅读传抄。不过因为它篇幅太长，没有流传下来。

后来，鲍德被调到京城当官，张衡便又回到家中专心研究起学问来了。他开始研究《玄经》，这是一本研究宇宙现象的哲学著作，也谈到了天文历算等问题。这本书对张衡产生了很大影响，想起小时候自己问过祖母的那些问题，张衡重又兴趣勃然，他发誓要打破砂锅，将这些问题彻底弄透，解开人们心中的疑团，从此，他把兴趣转移到了对宇宙现象的探索里。

有一年，东汉皇帝汉安帝下令，要全国各地推选有学问的人到洛阳做官，张衡也被选到了京城，由于他对天文历法有深入研究，朝廷便任命他当太史令，负责天文、历法、气象、地震等方面的事。张衡从此更专心地研究天文学了。他每天都在认真地观察着星空，不论严冬还是酷暑。通过长期的观察记录，张衡把自己记录下来的天象都写在一部叫《灵宪》的书里，直到现在这部书在天文学史上还占有极高的地位。此时的张衡，对于当初祖母不能解释的问题已经了然于胸，但对于祖母，他始终抱着深深的敬意，正是因为祖母当年的启发，他才萌发了探密太空的强烈愿望。

张衡不但写书，对观察到的现象加以理论总结，而且将这些加以实践，从而创造出能实际操作的天文仪器。

浑天仪的制作精巧：他先找来一些竹子，用刀将它劈成片，然后在它们上面刻上度数，再将这些竹片编成一个圆球。然后请木匠将它做成一个木模，再浇铸成铁球。他又想出用漏壶滴水的办法，推动仪器自己转动。他通过计算，在仪器内装了精致的齿轮，当漏壶不停地滴水时，带动仪器绕轴缓缓地旋转起来。漏壶中的水经过一天一夜滴完，仪器也正好转完了一圈。为了说明这个仪器的结构和原理，张衡还写了一本书叫《浑天仪图注》。根据这本书，人们可以知道汉代的浑天仪是什么样子，汉代的人是如何理解天象变化的。

除了浑天仪，张衡还发明了地震仪。公元138年，张衡根据自己发明的地震仪预测出了某个方向发生了大地震，但当时大家都以为他胡扯，京城里没有一个人相信。

几天后，报信的人骑马赶到京城报告皇帝，距当时的东汉都城洛阳1000多里的陇西果然发生了大地震。消息确认之后，全城轰动。张衡从此名扬全国，甚至有人把他看做圣人。

人生在勤，不索何获？

——张衡

成长启迪：

儿时的生活对一个人的影响是极为深远的。祖母给张衡讲的嫦娥奔月、吴刚伐桂的故事成了他天文学的最早启蒙教育，正是在这种教育的熏陶下，张衡才萌发了探密太空的念头，并一步步走向了成功。

诸葛亮：
叔辈们的勉励让他深受鼓舞

　　叔辈们勉励他不要虚度年华，要多读些书，尤其要多钻研些经邦济世的学问。现在可能用不着，但来日方长，将来一定会用得上的。他听了很受鼓舞，带着弟弟搬到襄阳城西20里的隆中山村，在那里盖了几间茅屋，定居下来，开始了长达10年的刻苦学习生活。果然，他的学问被派上了用场，刘备三顾茅庐请他出山辅佐自己。

诸葛亮（181~234），字孔明，号卧龙，山东沂南人。三国时蜀汉政治家、军事家和外交家。

诸葛亮出生在东汉末年，父亲任泰山郡郡丞，是郡守的助手，在当地有较大的名望。不幸的是，在诸葛亮8岁时父亲去世了，叔叔诸葛玄收留了诸葛亮兄弟。

诸葛玄先带着他们到南昌，后来又带他们到襄阳投奔荆州牧刘表。生活总算暂时安定下来，诸葛亮和弟弟进了学堂读书。

学堂是刘表为自己和朋友们的孩子开办的，请了幕僚中最有学问的人授课。对于这个战乱中的学习机会，诸葛亮非常珍惜，他抓紧时间学习古人的经典著述。

当时，战祸连绵不断，曹操的军队和吕布的军队正在鏖战，汉朝的天子汉献帝都不知躲哪里去了。从亲身经历和耳闻目睹中，诸葛亮深切感受到国家分裂给人民带来的痛苦，连贵为天子的皇帝也不能幸免于难。诸葛亮从书本中的知识和长辈们有关国家兴亡的历史故事中，思考着眼前的社会变化。

诸葛亮因叔叔的关系，先后结交了不少社会名人，常常和他们读书吟诗，谈古论今，谈论天下大事，抒发自己的政治理想。诸葛亮年纪虽不大，但是有远大的政治理想，他非常崇拜春秋战国时期辅佐君主的良相管仲和乐毅，希望自己也有机会成为这样的人。

诸葛亮17岁时，叔叔诸葛玄也去世了。叔辈们勉励他不要虚度年华，要多读些书，尤其要多钻研些经邦济世的学问。虽说现在可能用不着，但来日方长，将来一定会用得上的。他听了很受鼓舞。叔叔去世后，他带着弟弟搬到襄阳城西20里的隆中山村，在那里盖了几间茅屋，定居下来。

在这个依山傍水、风景优美的小山村，诸葛亮开始了长达10年的刻苦学习生活。诸葛亮读书与当时大多数人都不一样，他不拘泥于一章一句的字义，而是观其大略。通过潜心钻研，他不但熟知天文地理，而且精通战术兵法。他牢记叔辈们的话，时常钻研经邦济世之道，渴望有一天能够施展自己的才能。

这期间，他在隆中结交了不少渊博学者，经常同他们一起游玩、交谈。

成长启迪：

机遇是为有所准备的人而降临的。诸葛亮如果平时不读书学习，再好的机遇也是枉然，再大的抱负也难以实现。叔辈们鼓励诸葛亮多读书，诸葛亮能够做到这一点，是很不容易的。我们的孩子们不能因为一时看不到前途就荒废自己的学业。否则，会因为"书到用时方恨少"而遗憾终生。

诸葛亮对自己的能力非常自信，常自比历史上的杰出政治家管仲、乐毅，渴望在当时群雄割据的局面中施展才华。

诸葛亮在辅佐刘备之前，虽还是一介布衣，但他却密切关注着天下大势，常与好友崔州平、徐元直、石广元、孟公威、司马徽等纵论国家大事，他的政治见解受到朋辈的高度赞扬，被人称为"卧龙"。

诸葛亮27岁那年，遇到了小军阀刘备。刘备当时处境困难，但待人诚恳，很有抱负。因此诸葛亮第一次同他见面便谈得很投机。诸葛亮向刘备提出了先在荆州立足，再占益州，和孙吴及南方蛮夷结盟，抗拒曹操的战略方针，这就是有名的隆中对。刘备听了诸葛亮的高论，为其才智所折服，便请诸葛亮出山辅佐自己。

叔叔的话没错，大丈夫一旦拥有经天纬地之才，就应该相机而动。于是他便离开隆中，做了刘备的军师。

公元208年，曹操率大军南下，准备统一南方。东吴孙权想联合刘备共同抗击曹操，诸葛亮很高兴，就去了东吴。东吴阵营中有主战派，也有主降派，诸葛亮当着东吴孙权的面舌战群儒，用激将法，使孙权下决心抗击曹操，结成了孙刘联盟。在接下来的赤壁之战中，孙刘联军利用火攻大败曹军，这一仗为刘备在南方立足和后来三分天下奠定了基础。

志当存高远。
——诸葛亮

第一周

中國人民鄭政 8分
祖冲之(公元429-500)數學家,科學
紀33.4-3 (126)1956

祖冲之：
祖父的一句话让他得到解脱

　　父亲把书摔在地上，打了他一巴掌。祖冲之坐在地上号啕大哭起来。祖父闻声走过来说："不能硬赶鸭子上架。他背不出经书，说不定干别的事有灵气呢！你要注意观察孩子的兴趣，加以诱导。"这一句话，让祖冲之得到了解脱。祖父的话说得没错，祖冲之果然在天文、数学方面大有建树。

祖冲之（429~500），字文远，河北涞源人，南北朝时杰出的数学家、天文学家和机械学家。他创制了《大明历》，计算出的圆周率比欧洲早1000多年。

祖冲之的祖父在朝廷当大匠卿，负责管理建筑工程，对天文历法特别有研究。祖冲之跟着祖父学习了不少东西，最后成为大科学家。可是在他小时候，父亲却对他没有信心。

祖冲之的父亲在祖冲之六七岁时，就逼着他背《论语》，没想到两个月过去了，冲之只能背十来行，气得父亲把书摔在地上，打了他一巴掌。祖冲之坐在地上号啕大哭起来。祖父闻声走过来说："不能硬赶鸭子上架。他背不出经书，说不定干别的事有灵气呢！你要注意观察孩子的兴趣，加以诱导。"这一句话，让祖冲之得到了解脱。祖父的话说得没错，祖冲之果然在天文、数学方面大有建树。

祖冲之跟祖父来到建筑工地，和农村的孩子玩了几天，白天一起捉知了，晚上一起数星星，长了不少见识。祖冲之拉着祖父问个不停："爷爷，为什么月亮十五圆呢？天上到底有多少星星？"祖父对他说："我们家里天文历书很多，你先看看，不懂的就问我。"从此，祖孙三代一起研究天文知识，祖冲之对天文历法的兴趣越来越大了。

祖父见祖冲之如此好学，捋着胡须大为赞叹，他觉得自己没有看走眼，孙子的确是因为兴趣在别处才对枯燥的《论语》提不起精神。十几岁的时候，祖父带他拜著名天文学家何承天为师。

祖冲之非常激动，他眼含泪花，对祖父说："我一定会好好学的！"是啊，如果没有祖父的慧眼识才，他现在还在自己不感兴趣的方面苦苦挣扎呢，如果不努力学习，怎么对得起自己的祖父！

在老师的指点下，祖冲之掌握了很多科学知识。更可贵的是，他还养成了独立思考的好习惯。

祖冲之没有让祖父失望，他在天文历法方面做出了较大的贡献。有一年八月二十九，天上出现了日食。祖冲之感到很奇怪，按当时的历法，日食出现的日期是九月初一，这件事使祖冲之对历书的准确性产生了怀疑。从此，他常常拿历书和实际天象进行比较,几年后,他得出结论:历书里有很多错误!他决心编一部更准确的历法。当时通用的历法是他的老师何承天编的"元嘉历",这部历法是何承天历时40多年才编成的。

祖冲之打算重编历法的时候,何承天刚去世不久。有人认为祖冲之重编历法是对老师的不尊重。祖冲之说改正老师的错误并不等于不尊重老师,老师在世的话也不会反对。后来祖冲之在徐州当了管理财政的官员,尽管公务繁忙,但他还是坚持每天观察天象。当时珠算还没有出现,计算的工具是一种叫筹的小棍,祖冲之遇到复杂的计算时,常常把筹摆得满地都是。十几年过去了,祖冲之终于编成了一部更准确的历法。

祖冲之向宋孝武帝呈了一道奏章,希望他同意施行新的历法,但宋孝武帝对历法毫无兴趣,他叫祖冲之去找大臣们商量,如果大臣们没有意见,就用新历法。皇帝的宠臣戴法兴对祖冲之没有好感,就对皇帝说,祖冲之一个芝麻小官竟然胆大妄为,破坏前人留下来的规矩,建议皇上不要采纳新历法。别的大臣惧怕戴法兴的权势,都不敢为祖冲之说话,施行新历法的事就被搁下了。过了两年,一个叫巢尚之的大臣看了祖冲之的历法,发现确实比旧历要精确,就劝皇上采用。宋孝武帝同意了,可是还没等新历法颁布,他就死了,于是施行新历法的事又不了了之。直到祖冲之死后十几年,新历法才被采用。因为新历法是在宋孝武帝大明年间编成的,所以又叫大明历。

后人为了纪念祖冲之的功绩,将月球背面的一座环形山命名为"祖冲之环形山",将小行星1888号命名为"祖冲之小行星"。

> 亲量圭尺,躬察仪漏,目尽毫厘,心穷筹策。
> ——《南齐书祖冲之传》

司马光：
父亲的点拨让他受益一生

　　父亲说："一个人聪明是好事，但要老实。说谎、骗人不是好孩子，我希望我的儿子做个老实人。"司马光连忙认错，从此再也不撒谎了。后来，因为他主动承认错误，朝廷不但没有降罪，反而嘉奖了他的忠诚。

司马光（1019~1083），山西夏县人，北宋时期著名的政治家、文学家。他主编的《资治通鉴》，是中国古代影响深远的史学巨著。

司马光6岁时开始读书。刚开始学习时，他看到别的同学背书，几遍就会背了，而他总是不会背，就以为是自己比别人笨。父亲告诉他，读书不能只靠死记硬背，要先了解它的意思，还要学会举一反三。司马光找到了窍门，把书当成故事读，就觉得背书不再是苦差事，很快学习就超过了其他同学。他7岁就能捧着《左氏春秋》读得津津有味，从学堂回到家中，还把书中的故事绘声绘色地讲给家人听。

司马光8岁那年的夏天，天气很热，教书的老先生昏昏欲睡，看孩子们也没精神，就让他们到树阴下去凉快。孩子们冲出教室就疯玩起来。玩了一会儿，一个满头大汗的小朋友跑到一个大缸边，想捧点儿水洗脸。可是他个子太矮了，就搬了一块石头，垫在脚下爬上去，使劲往下一弯腰，扑通一声，掉进缸里。

小伙伴们听到声音，赶紧跑过来，七手八脚地想把他拽上来，可是缸太深，他们再使劲也够不到。看到小朋友在水缸里挣扎，孩子们都吓坏了，有的哭，有的叫，乱作一团。司马光也非常着急，去叫大人，来不及了；自己跳进去，也会淹死。突然，他看到那块垫脚石，对！他搬起那块石头，使劲朝水缸砸去，砰的一声，水缸被砸了一个大洞，水哗啦啦地流出来，小朋友得救了。

司马光砸缸的故事很快传遍了十里八乡，大家都认为他是个聪明的孩子，司马光自己也很得意。

有一天，司马光拿来一些核桃仁，让姐姐把皮去掉。皮很难剥，姐姐剥了几下没有剥掉，走了。一会儿，一个丫鬟进来，把核桃仁用开水一烫，皮就好剥了。姐姐又回来，看见弟弟手里白白的核桃仁，就奇怪地问他："皮是怎么剥掉的？"司马光得意地摇了摇脑袋，说："是我自己剥掉的。"

姐姐想起不久前他砸缸救小朋友的事，就信以为真，连连称赞说："好弟弟，你真聪明。"

坐在里屋读书的父亲放下书本，走到屋外，看着司马光的眼睛问："这核桃仁是你剥的吗？"司马光的脸一下子红了，低下头说："不是。"父亲说："一个人聪明是好事，但要老实。说谎、骗人不是好孩子，我希望我的儿子做个老实人。"司马光连忙认错，从此再也不撒谎了。

1038年3月，19岁的司马光考中了进士，也因此取得了做官的资格。发榜以后，朝廷为新考中的进士们举行了一次盛宴，每位进士的胸前都披戴丝绸扎成的大红花，大家都为考取进士而高兴，有的还喝了个酩酊大醉，唯独司马光的态度和平常一样。

司马光考取进士以后，有一年，他到并州（即现在的山西省一带）做官。并州邻近强大的西夏国，那里战事不断。为了防御西夏的入侵，麟州知州武戡向司马光建议，在黄河以西的地方修筑两个坚固的堡垒。于是司马光便向他的上司庞籍报告了此事，庞籍也很快同意了这个建议。

司马光便选派了军官郭恩秘密渡过黄河去修建这两个堡垒。郭恩狂妄自负，没有对西夏的情况进行了解，便喝得醉醺醺地带着1000多人渡过黄河去修堡垒，结果士兵们刚渡过河，便遭到西夏军队攻击，1000多人全部战死。

消息传到京城以后，朝廷便免去了庞籍的职务，这时的司马光想起父亲曾经说过的话："我希望我的儿子做个老实人。"司马光认为这个错应该归于自己，不能让庞籍为自己背黑锅，于是他便主动向朝廷写信表示愿意承担责任。为这事好多人说他是个笨蛋，但司马光一点都不觉得后悔，反而因为放下了心理包袱而感到轻松。

皇上不仅没有责怪司马光，反而嘉奖了他的忠诚。司马光觉得皇帝是个明君，从此更珍惜自己的名声，谨遵父亲的教诲，一心为朝廷效力，最后终于成为了德高望重的朝廷要员。

> 学者贵于行之，而不贵于知之。
> ——司马光

成长启迪：

小孩子一次两次说谎是正常的，但是长期说谎话那就说明有问题了。作为家长，要及时教育孩子，千万不可掉以轻心，因为一次纵容与放纵，就会让孩子存有侥幸心理，长此以往，孩子就习惯了撒谎。司马光的父亲说得好，一个人聪明是好事，但如果光有聪明而不老实，那他就是一个残缺的人，一个让人感到可怕的人。

文天祥:
父亲的一句话影响了他的一生

父亲指着窗外的竿竿修竹说："我生来最喜爱竹子，原因就在这里。竹子身可焚而不可毁其节，干可断而不可改其直。做人也要这样。""您放心吧，我和弟弟会像竹子那样去做人，即使遇到逆境，也绝不低头，绝不变节。"文天祥坚定地对父亲说。后来文天祥用他的一生印证了这句话。

文天祥（1236~1283），字宋瑞，号文山，江西吉安人。南宋伟大的民族英雄和杰出的爱国诗人。他的"人生自古谁无死，留取丹心照汗青"的诗句，一直激励着人们为正义而奋斗。

文天祥的家乡山川灵秀，风光迷人。父亲文仪虽然满腹经纶，但是并不想做官，而把读书作为最大的乐趣。他亲自给天祥和弟弟授课，父子之间经常以问答的形式进行讨论，直到孩子们学会、弄懂。文仪还要求他们将书中的警句用纸条抄录下来，贴在书斋的墙壁上、书架上、柱子上。

文天祥兄弟日复一日地在名言警句贴得琳琅满目的书斋中苦读，水平提高很快。文天祥的父亲最喜爱竹子，他在院落内外栽了许多翠竹，还给书斋起名"竹居"。文仪经常亲自修整竹园，有时还画上几幅画或者对着翠竹吟上几句诗。他还经常与天祥兄弟谈论竹子的功用和性质，以启示他们做人要正直坚强。

一天，上完新课，面对窗外的青翠竹林，文仪问道："你们兄弟二人想想竹子都有哪些用途，看看你们谁说得最多？"弟弟文璧抢先回答："竹子可以做筷子，编篮子，能制床，做桌子、椅子，盖房子，扎扫帚，还可以做扇子、斗笠……"天祥接着说："弟弟说得对。还有重要的一项是竹子可以制笔，可做成竹简。历史上的许多书都是写在竹简或刻在竹简上的，没有竹子，我们哪能知道古代那么多事情啊！"

"不错，你们说的都对，竹子的功用很大，而且它具有高尚的品格。你们可以说说吗？"父亲进一步发问。

"竹子历经风雪而不凋零，"弟弟文璧说，"别的花草一遇霜打风吹都枯死了，而竹子却依然挺立翠绿。古人称松、竹、梅为岁寒三友，说的就是这种不畏冰雪严寒的性格。"

"竹子无论在山地，还是在平原都能生长，它不要求很好的环境条件，"文天祥望着院子里的翠竹，"然而竹子质地却很坚硬，不管风吹雨淋，它都保持正直，从不肯低头弯腰！"

父亲听得频频点头，他指着窗外的竿竿修竹说："我生来最喜爱竹子，原因就在这里。竹子身可焚而不可毁其节，干可断而不可改其直。做人也要这样。"

"您放心吧，我和弟弟会像竹子那样去做人，即使遇到逆境，也绝不低头，绝不变节。"天祥坚定地对父亲说。后来文天祥用他的一生印证了这句话。

1276年，元军打到南宋都城临安（今杭州）附近，南宋朝廷一片混乱。元军想不战而灭亡南宋，坚决要求南宋派宰相来与之谈判。怕死的宰相陈宜中溜走了，文天祥为了暂时保住临安，明知是虎口，仍不顾个人安危，挺身而出，以左丞相的名义去敌营中与元军首领伯颜谈判。在谈判中，他大义凛然，毫不畏惧，坚持要元军退兵。文天祥以他的声望和反元决心，被伯颜视为心腹大患。谈判目的没达到，元军就将文天祥扣留下来，押往北方。

在途中，文天祥冒险逃脱，辗转流离，几经生死，最后到了福建，再次组织了抗战队伍，担当起抗元复国的重任。1277年，进攻江西，收复了好几个州县，使江西掀起了抗元斗争的高潮。

但终因势单力孤，他在江西的活动失败，转战到了广东。后遭到元军突袭，抵御不及，很多将领壮烈牺牲，文天祥被俘，又被押送北方。

1279年，元军逼迫他写信劝降保卫崖山的南宋将领张世杰，他坚决拒绝，并写了一首七律叫元将给张世杰：

> 辛苦遭逢起一经，干戈寥落四周星。
> 山河破碎风飘絮，身世浮沉雨打萍。
> 惶恐滩头说惶恐，零丁洋里叹零丁。
> 人生自古谁无死？留取丹心照汗青。

这首诗就是著名的《过零丁洋》。当时的元军统帅看了这首诗后，也对文天祥的凛然大义大加赞叹。

后来他被押送到大都（今北京），此后三年中，元朝统治者多次对他威逼利诱，他想起父亲小时候给他说过的那句话，爱国之心始终没有动摇。1283年，慷慨就义。他的崇高气节数百年来一直受到人们的景仰，激励了无数的仁人志士。

文天祥也是南宋末期的一位重要诗人，他诗歌中最动人的作品，是《指南录》、《指南后录》、《吟啸集》，这些诗记录了他后期种种生活经历，表现了他强烈的爱国精神和民族气节。其中最著名的就是他的《过零丁洋》和《正气歌》，发自肺腑，感人至深，具有极强的感染力，为后人所传诵。

他的确堪称是刚直不阿的竹子，身可焚而不可毁其节，干可断而不可改其直。

臣心一片磁针石，不指南方不肯休。

——文天祥

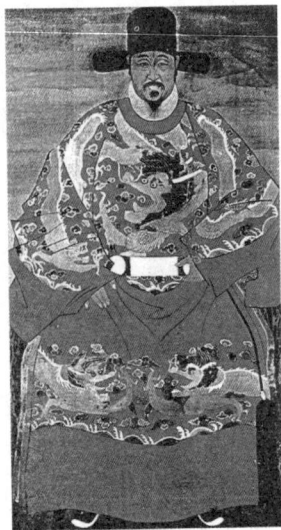

戚继光：
父亲的话让他受益一生

　　戚继光的父亲得知这件事后，虽然觉得儿子除暴安良的出发点没有错，但仅凭匹夫之勇是做不成大事的，于是他就常对儿子讲，武将必须有舍身报国的气节，有身先士卒的勇猛精神。父亲的一席话使戚继光深受影响，他觉得父亲说得对，小打小闹不算真本领，大丈夫生于人世当顶天立地，武应安邦，文应定国。

戚继光（1528~1588），字元敬，号南塘，山东蓬莱人。明代抗倭名将，杰出的军事家，横扫倭寇如卷席，被誉为我国"古来少有的一位常胜将军"。

戚继光的父亲是明朝的将军，戚继光出生时，他的父亲已经56岁了。父亲戚景通老年得子，对小儿子十分喜爱，他给儿子起名继光，就是希望他将来能继承和光大自己的事业。

戚继光小时候长得瘦小黝黑，但他人小鬼大，敢作敢为，性格顽皮但有侠肝义胆，是孩子们的头儿。由于从小练武，他的力气大，胆子也大。他最看不惯的，就是有些小恶棍仗势欺人、恃强凌弱。

当时城里有个官宦子弟，外号"小黑霸"，仗着身高力壮，动不动就欺负别的孩子。有一次大家做游戏，有个孩子顶了"小黑霸"几句，就被他掀倒在地，揪住那个孩子的头发骑在胯下，还逼着学狗叫。小继光正好路过，见这家伙又在欺负人，气不打一处来，冲上前去抡拳头把那家伙痛打了一顿，让"小黑霸"学了几声狗叫才解气。

戚继光的父亲得知这件事后，虽然觉得儿子除暴安良的出发点没有错，但仅凭匹夫之勇是做不成大事的，于是他就对儿子讲，武将必须有舍身报国的气节，有身先士卒的勇猛精神。

父亲的一席话使戚继光深受影响，他觉得父亲说得对，小打小闹不算真本领，大丈夫生于人世当顶天立地，武应安邦，文应定国。

真是将门出虎子，戚继光遵从父亲的教诲，继承了戚家武风，从小练就了一身好武艺，刀、枪、剑、戟无所不通。更难得的是，为了能够像父亲所说的那样舍身报国，很小的时候他就喜欢读父亲的兵书，对战术兵法充满兴趣。

9岁时，戚继光就能"融泥作基，剖竹为竿，裁色渚为方垒，堆积瓦砾为阵垒，阵列阶所，研究变合，部伍精明，俨如整旅"，颇像现代的沙盘推演。读书之余，他经常领着小伙伴们，演练兵法，俨然像一位小将军。他的这些表现，充分显示出他在军事方面的良好天赋。

戚继光17岁开始担任军职，转战南北。在浙江时，为抗击日本侵略者，年少的戚继光虽说人小鬼大，敢作敢为，但是他一身武艺如果不用在正道上，很可能就是废料一个。他的父亲教导他"武将必须有舍身报国的气节，有身先士卒的勇气"。父亲的这句话无疑规范了他的人生，成就了他的一生。

他招募了勇敢的农民、矿夫共3000多人，编成新型军队。战斗队是基本战斗单位，队员按年龄、体质分别配备不同的兵器。打仗的时候，全队队员发挥各人的特长，配合作战，既能攻也能守，进退灵活，称为"鸳鸯阵"。经过戚继光的严格训练，新军队伍很快成为一支劲旅，人称"戚家军"。嘉靖四十年（1561年），日本侵略者大举侵犯台州，戚继光率领部队九战九捷，歼灭敌军数千人，取得举世闻名的台州大捷。倭寇们心惊胆战，给戚继光取了个名字叫"戚老虎"。

戚继光终于超越了父亲，青史留名。

养心莫若寡欲，至乐无如读书。

——戚继光

李自成：
明智的父亲让他弃文习武

　　他对父亲说："考上秀才照样受人欺负。我想学武艺，有了武功，谁还敢欺负我们？"父亲认为人尽其才、物尽其用，儿子不是读书的材料，他也不想勉强。但这孩子身子骨硬朗，对这方面又感兴趣，确实是习武的料，于是便从延安请了罗君彦教头来教儿子习武。他的一身武艺最终有了用武之地。

李自成（1606~1645），原名鸿基，陕西米脂人，明朝末年农民起义领袖，号称"李闯王"。他提出"均田免赋"的政治主张，赢得广大农民拥护，推翻了明王朝。

李自成的家庭世代为农，日子一年到头过得紧紧巴巴，还经常受有钱人的欺负。父亲李守忠常常想，要想以后过上好日子，就得让孩子去读书，将来考个秀才、举人什么的，哪怕只当个小官，也不会受人欺负了。于是家里节衣缩食，勒紧裤带，送8岁的李自成和弟弟去上学。

在私塾馆学习了几年，李自成识了不少字，也能写写文章，就不想上学了。他对父亲说："考上秀才照样受人欺负。我想学武艺，有了武功，谁还敢欺负我们？"

父亲认为人尽其才、物尽其用，儿子不是读书的材料，他也不想勉强。但这孩子身子骨硬朗，对这方面又感兴趣，确实是习武的料，于是便从延安请了罗君彦教头来教儿子习武。

父亲的这一决定堪称神来之笔，造就了后来闻名天下的"李闯王"。

李自成对习武感兴趣已不是一天两天的事情了，他特想当一个杀富济贫的英雄。看到集市上有练武表演，就目不转睛地盯着，一边看还一边琢磨他们是什么套路。现在有了老师，他练武的积极性特别高涨，再苦再累也心甘情愿。老师看这个学生能吃苦，脑子又灵活，就把看家本领都教给了李自成。罗老师不但教李自成武艺，还告诉他习武之人要讲究武德，学好了本领，要扶危济贫，除暴安良。

自从接触武艺之后，李自成更加强壮了。父亲去世后，十几岁的李自成挑起了家庭的重担。为了谋生，他给人放过羊，给富人当雇工、干农活，还在铁匠铺给人家打铁，在小饭馆当酒保，什么脏活、累活都干过。

有一天中午，他实在累坏了，就在地主家大门旁睡着了。地主出门回来，狠狠地骂了他一顿。李自成不服，顶了他几句。地主马上叫了一帮人把他绑起来，李自成虽然会武功，可是寡不敌众。他被绑在院子里的柱子上毒打了一顿，打完也不放他。

十几个小时过去了，李自成浑身疼痛、又饿又渴。这时候，地主的小儿子手里拿着一块饼，边吃边走过来。饥饿难耐的李自成，让那个孩子给他一块饼吃。那孩子白了他一眼，把饼往地下一扔，还踩了两脚，昂着头走了。李自成又羞又气，地主的孩子都会欺负人。好，你们等着瞧，总有一天我要翻身。

抱着对为富不仁者的仇恨，抱定"扶危济贫，除暴安良"的信念，李自成后来发动了农民起义，这时，他的一身武艺终于有了用武之地。他深感父亲是最了解他的人，如果当时家人强迫他读书、走科举道路，很可能名落孙山，毕竟自己不是一块读书的料。再说，即便考上了，大不了当个小官，而现在那么多老百姓支持他，此生足矣。

李自成率领农民起义军，转战南北，横扫明朝军队，一举占领北京城。虽然最后因为决策失误功亏一篑，只做了18天皇帝，但他仍然是个英雄。

成长启迪：

最成功的家庭教育必定是尊重孩子天性的因材施教。李自成的父亲看到自己的孩子不是读书的材料，并没有强行让孩子继续读书，而是顺其自然，让儿子习武，这样的父亲无疑是最明智的。而现在的一些家长，为了让孩子成材可谓费尽心机，什么强化班，什么钢琴班、书法班……总之能报的都给孩子报了，恨不得孩子不吃不喝不睡，将时间全部用到学习上，可结果却是事与愿违。要知道，每一个孩子都有自身的个性与爱好，如果父母不顾孩子的自身条件，将自己的意愿强加给孩子，那样对孩子不但没有帮助，而且对孩子是一种摧残。

等贵贱，均田免粮。

——李自成

第二周

林则徐：
母亲的话让他记忆犹新

　　夜深了，母亲还在灯下干活，小则徐不忍心，就要帮助母亲一起做。母亲不同意，对他说："你是男孩子，应该有远大的理想。还是好好读书，不要辜负了大家的期望。"母亲的苦心教诲，对林则徐影响很大。

林则徐（1785~1850），福建福州人，清朝鸦片战争时期的爱国政治家。他主张严禁鸦片、抵抗侵略，是中国近代"开眼看世界第一人"。

林则徐出生时，新任福建巡抚的徐嗣曾，正好鸣锣开道从他家门前经过。望子成龙的父亲觉得这是个好兆头，就给孩子取名则徐，希望孩子日后能像徐嗣曾一样成为朝廷的重臣。

林则徐的家境比较困难，父亲在私塾教书挣钱不多，母亲的手特别灵巧，会做绢花和一些工艺品。为了家里的生计，母亲和姐妹们一天到晚忙个不停，小则徐把做好的工艺品送到店铺去寄卖。夜深了，母亲还在灯下干活，小则徐不忍心，就要帮助母亲一起做。母亲不同意，对他说："你是男孩子，应该有远大的理想。还是好好读书，不要辜负了大家的期望。"母亲的苦心教诲，对林则徐影响很大。

背负着家族希望的林则徐学习非常刻苦，他4岁开始读书，7岁就能做文章，对对子更是一绝。9岁那年的元宵节夜晚，满城的花灯璀璨通明，老师带着学生们游园观灯，信口给学生出了个对子："点几盏灯为乾坤作福。"林则徐马上应声对道："打一声锣代天地行威。"同学们一齐叫好。还有一次，老师带林则徐和其他同学一起到鼓山游玩，登高望远，老师豪兴大发，出了"山"、"海"两字，要求学生做一绝对。当其他同学还在苦苦思索时，林则徐先开口："海到无边天作岸，山登绝顶我为峰。"老师惊讶他的志向高远，鼓励他努力学习，日后一定会有出息。果然，林则徐13岁获得乡试第一，14岁中秀才，20岁中了举人。

林则徐第一次赴京赶考，没有考中进士，就跟从一位朋友在海防做书记，负责起草处理文件。但是林则徐并不满足于现状，母亲的话记在他的心中，回荡在他的耳边——你是男孩子，应该有远大的理想。还是好好读书，不要辜负了大家的期望……

想到母亲的灯下辛劳，林则徐感到一阵辛酸，更觉得自己任重道远，他决心寻求一种突破，实现自己的远大理想。

清嘉庆十一年（1806年）除夕，福建巡抚张师诚翻阅本省各地送来的贺章，发现其中有一份极富文采。爱才的巡抚赶快派人去请这位执笔前来会晤。林则徐气喘吁吁赶到省城，天已是黄昏了。张师诚见来客竟是一位年轻人，心中暗暗吃惊，就想考考他："年轻人，有一份紧急奏折，必须在今夜送往京城，你来写吧。"

林则徐此时并不慌张，略一思索，不出一个时辰就拟好奏折。张师诚一看，奏折文笔清新，言简意赅，非常满意，马上决定让他留在身边。在张师诚幕府的4年，对林则徐后来担任总督、钦差至关重要，因为在此期间他积累了丰富的经验。

林则徐是一位伟大的民族英雄，一方面他坚持反对外来的武装侵略；另一方面，他又主张向西方学习，走"师夷长技以制夷"的自强道路。

林则徐的"师夷"是为了"制夷"，但也不是盲目排外。他不赞成停止中外贸易，反对封关禁海，而是主张利用各资本主义国家贸易竞争之间的矛盾，来限制外国资本主义商人的非法交易。这反映了他开放的胸怀和寻求反侵略的爱国愿望。

林则徐的一生是奋斗的一生、刚正不阿的一生，为中华民族做出了巨大的贡献。

> 苟利国家生死以，岂因祸福避趋之。
> ——林则徐

张振勋:
姐夫的一句话激发了他的上进心

　　张振勋终于实现了儿时的理想，但想起小时候自己因为姐夫的一句话就气成那样，竟有些不好意思了，他告诉别人，生气不如争气。成功后的张振勋对姐夫存有的不再是埋怨，而是感激，他觉得如果当初姐夫没有"刺激"他，他不会知耻而上进，更不可能成为一代酿酒大王。

张振勋（1840~1916），广东大埔县人，杰出的实业家，张裕酒业的创始人。由他一手打造的金奖白兰地至今享誉中外。

张振勋出生在一个乡村私塾先生的家中。虽然父亲在教书之余，还行医治病，但家中的生活仍然十分贫困。小振勋在私塾中跟着父亲读了几年书，十三四岁时，就不得不辍学到姐夫家去放牛。可是他太爱读书了，一次因为看书而忘了管牛，牛吃了人家田里的秧苗，主人告到姐夫家里，要求赔偿。姐夫气得狠狠地打了小振勋一个耳光，还骂他说："死人还能守住四块棺材板，你连一头牛都看不住，真是连死人都不如！"

小振勋赌气说："你不要太看不起人，将来我发了财……"

姐夫不等他说完，就冷笑起来，说："就你这样也想发财？除非太阳从西边出！"

小振勋气得脸色发青，转身就跑回家去了。回家之后，他极不服气，心想：别人能做到的事我张振勋能做到；别人不能做到的，我张振勋照样要做到！姐夫怎么能这么看不起人呢？他感到自己受到了莫大的侮辱，暗暗在心里下定决心，以后一定要挣好多好多钱，让姐夫也看看太阳到底是从哪个方向升起来的。

怎样才能快速致富呢？小振勋的欲望无比强烈，想来想去，他认为只有经商这条路可走。

牛没得放了，父亲有点为难，问他以后打算干什么。小振勋理直气壮地说："我想学做生意！姐夫他看不起人，我偏要做给他看。"

随后，小振勋说服了父母，随着姓黄的华侨，登上了去印度尼西亚的帆船。

经过十几天的海上航行，张振勋满怀希望踏上了印尼的土地。清澈亮蓝的海水，高耸入云的椰子树，郁郁葱葱的橡胶林，芬芳扑鼻的槟榔花，散发着肉香的沙茶……浓郁的异国风情使小振勋感到新奇而有趣。但是他更关心的，还是在什么地方能够挣到白花花的银子。他一刻都不会忘记，姐夫那张嘲讽的脸，还有自己当初立下的豪言壮语。

为了实现自己的理想，张振勋从不放松对自己的要求，他对待工作非常认真，经过一番摸爬滚打之后，张振勋站稳了脚跟，也挣了一些钱。

但此时的张振勋仍然不满足，他并不觉得自己已经富有，可以让姐夫刮目相看了，反而觉得自己远远不够，还需要努力，因为他觉得自己要做到别人所不能做到的事情。

回国之后，张振勋开始筹建酒厂。他一面在烟台购买土地，订制机器，建筑厂房、酒窖，开辟原料基地，一面写信回家乡，招集张氏子弟和亲戚来做帮手。1894年9月，张振勋筹办的烟台张裕酿酒公司得到了政府的正式批准，并获得了在直隶（今河北）、奉天（今辽宁）、山东三省的15年专利和免税3年的政策优待。这是我国近代第一家、同时也是当时远东地区最大的一家新式酿酒公司。张振勋亲自书写了金光闪闪的大字招牌，高高地挂在了大门上，由此迈开了走向酿酒大王之路的第一步。

张振勋想挣大钱，树民族品牌的想法不错，但挣钱哪有那么简单，正值筹建酒厂的关键时刻，张振勋请到的酿酒师——荷兰人雷德弗却是个不折不扣的骗子，害得他生意受挫，也气得一连几天卧床不起。

他的一位奥地利好友知道后，帮他从国内聘请了一位名叫哇务的酿酒师。张振勋接受了教训，亲自陪这位酿酒师来到烟台，并对他进行了认真的观察和考验，相信哇务不但酿酒技术精湛，而且为人忠诚老实，这才把大局托付给他。

此后，在张振勋的精心操持下，经过多年的苦心经营，烟台张裕酿酒公司渐渐发展壮大，产品不仅占领了国内市场，而且走向了世界。

1915年4月，张振勋受命担任中国实业考察团团长，率领一个阵容强大的代表团，远涉重洋，到美国考察。他们途经旧金山时，适逢当地举办巴拿马万国商品博览会。张振勋就派人将随身携带的张裕葡萄酒送去参加比赛。比赛揭晓，张裕白兰地荣获国际金牌奖章，而味美思和玫瑰香也双双获得优质奖章。

张振勋将金奖章图案缩印在商标上，这就是至今仍名扬四海的"金奖白兰地"的来由。

张振勋在总结他的创业经验时说，第一要从长计议，看准了的事情就不惜投资；第二要坚忍不拔，决不向困难低头！确实，离开这两点，很难成就大事业。

衣锦还乡的张振勋终于实现了儿时的理想，但想起小时候自己因为姐夫的一句话就气成那样，竟有些不好意思了，他告诉别人，生气不如争气。成功后的张振勋对姐夫存有的不再是埋怨，而是感激，他觉得如果当初姐夫没有"刺激"他，他不会知耻而上进，更不可能成为一代酿酒大王——一个真正的富翁。

成长启迪：

这世上谁也不愿意受到别人的挖苦嘲讽，因为这对一个人精神打击实在是太大了，有的人就在这种嘲讽中一蹶不振。但是，真正的强者，真正的智者，他会化劣势为优势，将别人的嘲讽当做一种促使自己积极向上的动力，张振勋就是一个智者的表现。一个人在成长过程中难免会遭遇这样那样的挫折，但是挫折对一个人的成长并非就是坏处，因为一个人的成熟与成功正是在经历了一次次风雨挫折而得来的。作为家长，有必要从小对孩子进行适当的挫折教育，这对孩子的成长十分有益。

> 吾生为华人，当为中华民族效力。
>
> ——张振勋

康有为：
祖父的藏书为他打开了一扇窗

　　康有为还从祖父的藏书中，第一次看到了《海国图志》、《瀛环志略》等一批介绍世界各国历史地理的书籍，读了利玛窦、徐光启等人编著和翻译的书，他们是中国向西方学习近代科学的先驱者。这些译著为康有为打开了一扇窗，对他后来向西方学习、推行变法维新起了重要作用。

康有为（1858~1927），字广厦，号长素，广东南海人，近代思想家、文学家。资产阶级改良主义的代表人物，清末"戊戌变法"的主要发起者。

康有为的祖父和父亲都担任教育方面的官职，是书香门第。康家的书楼环境优美，藏书丰富，是南海县有名的藏书楼，也是康有为童年时代汲取知识、受到启蒙的地方。

康有为自幼就非常聪明，5岁时能够背诵上百首唐诗，6岁进私塾读书。他读书特别刻苦，每天天色微明，他就端坐在书桌旁，琅琅的读书声打破了寂静的黎明；太阳下山了，天色昏暗，他又捧着书到廊檐下，借着落日的余晖，手不释卷地阅读；晚上点起一盏小油灯，常常读到半夜三更，祖父多次催促才上床睡觉。

康有为不喜欢和同龄的伙伴玩耍，孩子们见他一天到晚书不离手，都叫他书呆子。康有为不以为然。他写了一副对联挂在门两边："大翼垂天四万里，长松拔地三千年。"他用庄子的一个典故，借此抒发他的鸿鹄之志。

祖父康赞修对康有为影响很大，特别是父亲去世后，11岁的康有为就随着祖父到任职的连州和广州。祖孙二人形影不离，经常在一起读书诵经，谈古论今。端午节到了，连州举办龙舟大赛，江中龙舟竞渡，岸边锣鼓喧天，鞭炮齐鸣，万众欢腾。康有为看到这壮观的景象，诗情大发，写了一首二十韵的诗篇，众人争相传看，纷纷赞叹，地方官还奖给他一套文房四宝。

连州一带有许多历史遗址。祖父经常带着他到处参观，一边观看遗址古迹，一边慷慨陈词，抚今追昔；遇到先哲和名士的碑帖诗文，就给孙儿详细讲解，并且借题发挥，给康有为指点和启发。

祖父在连州掌管教育时，康有为常常在祖父的书桌上看到清政府发下来的内部文件《邸报》，上面记载着许多国家和朝廷的政治大事。他第一次知道了曾国藩、左宗棠、李鸿章这些人物，了解到他们正学习西方办工厂，还知道外敌不断挑衅中国的海防，这些新闻使康有为大开眼界。

康有为还从祖父的藏书中，第一次看到了《海国图志》、《瀛环志略》等一批介绍世界各国历史地理的书籍，读了利玛窦、徐光启等人编著和翻译的书，他们是中国向西方学习近代科学的先驱者。这些译著为康有为打开了一扇窗，对他后来向西方学习、推行变法维新起了重要作用。

1888年，康有为到北京参加乡试，被主考官评为第三名举人。可是到发榜的时候，他的名字却不在榜上。原来康有为曾经给光绪皇帝写过一封要求实行改良的信，他在信上说，现在国家处在危急关头，如果赶快变法，还能挽救。再拖上几年，就不可收拾了。一个顽固透顶的叫徐桐的老官僚看到了这封信很生气，他认为，像康有为这样的小人物，居然要皇上实行变法，是一种"越格犯上"的行为，这种人怎么能用呢，于是他就派人把康有为的名字划掉了。

康有为落榜以后，心情沉重地回到故乡。他决心培育一批人才，同自己一道推动中国的变法。

他自建的学堂名字叫"万木草堂"，康有为把课堂当作宣传变法的讲坛。他对学生分析了中国现在的形势：外边是强敌入侵，国内灾难不断，当官的吃喝玩乐，百姓民不聊生，我们的国家正在危急存亡关头。最后总结道，我们的国家为什么像现在这样，就是因为没有像其他国家一样实行变法。学生们听到康有为充满感情的讲解，大受感染。

1895年4月，1300多个举人联名给光绪皇帝上书请愿，史称"公车上书"。这次请愿的主要发起人就是康有为。"公车上书"虽然没有阻止《马关条约》的签订，可是康有为变法的主张从此传播到全国各地。

1897年，康有为看到祖国的大好河山，又被帝国主义强盗强行割去不少，心中忧虑，第五次上书给光绪皇帝要求变法。后来等到全国举人到北京考试的时候，康有为联合举人们，成立了"保国会"，并发表了慷慨激昂的演讲，他认为我们的国家到了危急时刻，祖宗之法非变不可。顽固派看到康有为组织团体鼓吹变法，非常恐慌，上书给光绪皇帝，诽谤康有为。在顽固派的高压下，"保国会"解散了。可是维新变法的呼声却越来越高了。

康有为变法的主张，慢慢地渗入到光绪皇帝的心里。1898年6月11日，光绪皇帝发布诏书，决心实行变法。几天后，他在颐和园的仁寿殿召见康有为，想当面听一听康有为的意见。他们分析了国内外形势，谈了两个小时。光绪皇帝坚定了变法的决心。他重用康有为，决定变法。

虽然最后"戊戌变法"因为以慈禧太后为首的顽固派的干涉而失败，但康有为主张变法的影响却是深远的。如果说祖父的藏书为他打开了追求变法的一扇门，那么他维新变法的思想也为近代社会打开了追求进步的一扇窗。

人才出于教育。
——康有为

詹天佑：
父亲的支持使他的路走得更从容

　　一次母亲发现詹天佑的口袋破了两个洞，一摸，里边是一个个尖硬的零件，气得她把这些杂七杂八的东西都扔到了院子里。小天佑伤心极了。父亲把事情的原委弄清后，开导了妻子，支持天佑的志趣，亲手帮助儿子捡回了"宝贝"，一件件地放到木盒里。父亲的支持，使天佑的兴趣得到了较好的保护。天佑也最终没有让父亲失望。

詹天佑（1861~1919），广东省南海人，他是近代科技界的先驱，杰出的铁路工程师，我国最早的工程学会创始人。

詹天佑家里有兄妹7人，天佑居长。父亲在天佑很小时就把他送到南海的一所私塾去读书。但是詹天佑对"四书"没有兴趣，他最迷恋的是机器。他的口袋里总是装得鼓鼓的，什么螺丝呀，铁钉呀，发条呀，都是他的"宝贝"。

聪明的小天佑，在街上看到洋人带着稀奇古怪的东西，总要观察个究竟，如果可能的话，他一定要把这个东西是怎么做的弄清楚。一次母亲发现詹天佑的口袋破了两个洞。一摸，里边是一个个尖硬的零件，气得她把这些杂七杂八的东西都扔到了院子里，小天佑伤心极了。父亲把事情的原委弄清后，开导了妻子，支持天佑的志趣，亲手帮助儿子捡回了"宝贝"，一件件地放到木盒里。从此詹天佑摆弄机器的游戏在家中取得合法地位。

11岁的詹天佑读完了私塾，下一步该怎么走呢？父亲为最喜爱的长子思考出路。他希望天佑继续读书或学习技艺，可家境却比较拮据。此时，清朝正在选送幼童出洋学习，朋友劝父母送子赴美，走"洋翰林"的路子。为了儿子的前程，父母答应了。詹天佑作为第一批留美官方学生乘船赴美，开始了为期10年的留学生活。离开祖国和父母的怀抱，詹天佑的思乡之情很浓，但他没有忘记自己背负的重任，没有忘记开明的父亲的声声嘱托，他下定决心一定要学会先进技术，将来为国家做贡献。

1881年返回祖国时，20岁的詹天佑意气风发，他向清朝当权者再三陈述，中国的铁路要由中国人来修，可慈禧却说："小国修铁路非洋人不可！"外国人声称修建北京至张家口的京张铁路需要40年，詹天佑根据当时的国力技术，提出由中国人自己修筑京张铁路，只需6年就能完成。虽遭到清朝官员的围攻，可他决不退缩，据理力争，终于获得主持修筑京张铁路的权力。

1887年，中国铁路公司在天津成立，詹天佑被聘为工程师。他的第一个任务是塘沽到天津的筑路工程，他亲临工地指挥，仅用了80天就竣工了，初步显示了他的才能。

1890年，中国关内外铁路总局（原中国铁路公司）计划把关内铁路延到关外的沈阳和吉林。当铁路铺至滦河时，外国工程师却一个桥桩都未能打顽皮是孩子的天性，许多孩子正是在"实践"中发现秘密，获得真知。如果父母对孩子的"顽皮"粗暴干涉，那无疑就扼杀了孩子的天性。如果当初詹天佑的父亲也像他的母亲那样专制，詹天佑很可能成为一个碌碌无为的人，但开明的父亲却有效地保护了儿子的兴趣所在，使詹天佑能够继续追求自己的梦想。现如今，不少家长只一门心思关注孩子的考试成绩，至于孩子的"业余爱好"在他们眼里就是不务正业。事实上，一张一弛是文武之道，一个孩子玩不好，那肯定也学不好。这是许多家长没有认识到的。詹天佑的父亲对待孩子的做法应该令某些家长有所启发。

成，急得总工程师英国人金达只好把詹天佑找来试试。詹天佑经过认真地探测和调查，将桥址改变，实行压气沉箱法配合机器打桩，顺利打下了桥基，如期完成了滦河铁路桥工程，深得外国同行们的赞赏。1894年，英国土木工程师学会选举他为会员，这是该会的第一位中国会员。

1902年10月到1903年2月，詹天佑负责修成京汉铁路高碑店至易县梁各庄长45公里的西陵支线。这是第一条完全由中国人主持修建的铁路。

1905年到1909年，詹天佑成功主持修建了中国铁路史上第一条自己建筑的重要铁路——京张铁路。本着"全体中国人和外国人正密切注视着我的工作，如果我失败，不仅是我个人的不幸，也是全体中国工程师和所有中国人的不幸，因为人们将不再信任中国工程师了"的心情，詹天佑克服了重重困难，终于提前两年完工，还节省了二十八万八千余两银子。京张铁路的完工，詹天佑受到了中外的称赞，清政府特别授予他工科进士第一名的称号，美国土木工程师学会也将他选为会员，这也是该会第一位中国工程师。

詹天佑从1887年从事中国铁路事业起，到1919年病逝的32年间，主持修建了京张、津沪、西陵支线、沪宁、潮汕、粤汉、川汉、道清、萍醴等铁路工程，足迹遍布大江南北，长城内外，他的名字已经深深地刻在了祖国铁路史上。

为了纪念这位中国最早的杰出的铁路工程师，八达岭附近有一座他的铜像，供世人瞻仰。

> 勿屈己而徇人，勿沽名而钓誉。
>
> ——詹天佑

冯如：
舅舅改变了他的命运

　　12岁那一年，因为遇到了自然灾害，冯如家里更困难了，冯如也因此上不起学。正在这时，在美国的舅舅来到他家，他见冯如这么聪明，而家里又没有钱让他上学，便跟冯如的父母商量，要带冯如去美国。冯如的父母亲虽不舍得让他走，但为了儿子的前途，就答应了。全新的环境却给冯如学习西方先进科学技术提供了一个舞台，为今后从事航空事业打下了坚实的基础。

冯如（1883~1912），广东恩平人，我国最早的航空学家。

冯如小时候家里很穷，他的4个哥哥因为生病没钱医治而先后去世。只有冯如得以幸存。父母都认为家里就剩下这一棵独苗了，怎么也要让他学点本事才行，于是老两口便省吃俭用，从牙缝里挤出了一点钱来让冯如上了小学。冯如聪明好学，老师非常喜欢他。12岁那一年，因为遇到了自然灾害，冯如家里更困难了，冯如也因此上不起学。

正在这时，在美国的舅舅来到他家，他见冯如这么聪明，而家里又没有钱让他上学，便跟冯如的父母商量，要带冯如去美国。冯如的父母亲虽不舍得让他走，但为了儿子的前途，就答应了。

冯如跟着舅舅来到了美国西部的旧金山（当时叫作三藩市），找到了一个打杂的活儿。虽然工作很苦，但这个全新的环境却给冯如学习西方先进科学技术提供了一个舞台。来到这里之后，他接触到了更多先进的理论知识，为以后从事航空事业打下了坚实的基础。

冯如白天工作完以后，便利用晚上的时间到学校学习英语。一年以后，冯如不仅能说英语，同时还会看英文，他经常买一些书刊来看，他逐渐认识到美国之所以富强，是因为他们有先进的技术。

冯如想到了自己贫穷落后的祖国，他想：中国要富强，要发展工业技术才行。为了扩大视野，他独自一人来到了纽约一家工厂当工人。他很节俭，想省下更多的钱来买书。冯如常常一边看书一边动手制作一些东西，他根据书上的知识制造出了抽水机、打桩机，并且还制造出一台能收发的无线电报机。他这一举动让许多美国青年佩服不已。

1903年一天，冯如看报时，一个醒目的标题吸引了他——美国莱特兄弟制造飞机成功！冯如平时对飞机这个名词也有所了解，他知道这项发明，不仅对美国人是一件了不起的事情，而且对全世界来说都是一件非常了不起的事。当得知莱特兄弟发明了飞机后，冯如决心要依靠中国人的力量来制造飞机。

日俄战争后，日本侵占了东北地区，对此清政府毫无办法。冯如想，要是中国有了飞机，可以用飞机来做武器，这样就可以打败日本了。为了制造飞机，冯如来到旧金山，找舅舅帮忙。舅舅很支持冯如的想法，但是舅舅也不是很富有，后来，舅舅从很多爱国华侨那里筹集了一笔钱给冯如。

得到这些资金以后，冯如便在简易的工棚里开始了工作，经讨8个月的艰苦奋战，冯如和他的助手们终于制造出了第一架飞机。1909年9月21日，冯如于黄昏时在奥克兰附近一个圆形山丘旁进行了第一次试飞，这是一个远离居民点的地方，在场的除记者外，就是他的三个助手。当飞机起飞后飞行了0.8公里，离地4.57米准备做一次转弯时，螺旋桨突然停转，飞机摔在地面，冯如被摔出机外，幸没受伤。造成事故的原因是由于螺旋桨桨轴螺丝拧得太紧，致使桨根断裂。

祸不单行，没多久厂房又失火了。面对这么大的困难，冯如没有退缩，而是继续干下去。舅舅被外甥的决心感动了，于是再次组织华侨集资筹款。可是正在冯如重新开始的时候，父母亲却来了一封信，让他回家去。原因是父母亲年岁已高，恐怕今后难得见上儿子一面了。冯如理解父母的心情，可是他报国心切，他写信告诉父母他一定要为祖国制造出一架飞机来才回国。

冯如总结了失败的原因，1909年9月，他的第三架试验飞机终于制造出来了。助手为了他的安全，都争着要去完成这个任务，最后还是由冯如亲自驾驶着飞机飞向奥克兰市的上空。飞机大约飞行了805米，打破了莱特兄弟在1903年创造的259米的纪录。

冯如的举动，让美国人既震惊又佩服，当时美国报纸为此而写了一篇长篇报道，标题是《中国人的航空技术超过了西方》。华侨们听说冯如成功了，也纷纷进行投资。冯如便借此组建了一个机器制造公司，他任公司的总机械师。

后来国际飞行协会在旧金山举行飞行比赛，冯如报名参加这次比赛。当时在美国为革命奔走的孙中山也来观看了冯如的这一次表演，结果冯如以时速104公里，高度213米，飞行距离32公里的成绩夺得了这一次比赛的冠军，获得美国国际航空学会颁发的甲等飞行员证书。作为世界一流的航空专家，冯如引起了世界瞩目。

美国许多商人为了买到冯如的技术，不惜重金聘请冯如。面对金钱的诱惑，冯如没有动心，他首先想到的是祖国。1911年的春天，他带着自己的3名助手回到了中国。

成长启迪：
舅舅不仅仅解决了冯如家庭经济困难，还给了冯如一个崭新的世界，正是在新的成长环境下，冯如才一步步走上了科学的成功之路。因此，作为家长，应该清醒地认识到，环境可以改变一个人的命运，应该尽最大的可能给孩子造就一个成长成才的良好环境。

辛亥革命后，冯如被广东革命军政府委任为飞行队长。1912年8月25日，广州郊区燕塘操场上热闹非常，人们如海水一般地涌向这里。只见一个人站在飞机上在向人们演讲，并向人们介绍飞机的性能。他在一片欢呼声中爬进了飞机驾驶舱，然后驾驶着这架飞机飞向了蓝天。

他驾驶着飞机在蓝天上表演了许多人们从未见过的高难度动作，大家全都看呆了。飞机降落的时候，几个孩子突然跑上了跑道，为了孩子的安全，飞行员只好猛拉操纵杆，让飞机上升，可是锈损的机件却失灵了，飞机失去了平衡而坠落地面，当人们赶去营救时，飞行员已倒在了血泊之中。

冯如在广州燕塘飞行表演中不幸失事牺牲之后，被追授为陆军少将，遗体安葬在黄花岗，并立碑纪念，被尊为"中国首创飞行大家"。

> 不图个人的名与利，只是为了一个崇高的理想。
>
> ——冯如

第三周

Mr. Co Ching Chu
竺可桢
(Chu K'e-Chen

竺可桢：
父亲的启发成了他生命中的转折点

父亲见儿子好学上进，心里很高兴，耐心地向他解释说："小熊咧，这就叫'水滴石穿'呀！别看一滴一滴的雨水没有什么厉害的，但是，天长日久，石板就被滴出小坑了。读书、办事情，也是这个道理，只有持之以恒，才会成功。"从此，"水滴石穿"的教诲成了竺可桢一生的座右铭。

竺可桢（1890~1974），浙江绍兴人，我国著名气象学家、教育家。

竺可桢的父亲是个粮商，可桢出生时他给孩子起名叫阿熊。父亲又一想，孩子应该有个学名才好。镇上的私塾先生将儿子学名取为"可桢"，就是将来可以成为国家栋梁的意思。竺可桢的父亲对这个名字感到很满意。小熊才1岁半时，父亲就用方纸片写字教他认。等到小熊满两岁时，已经认识许多字，可以背诵十几首唐诗了。大哥也成了小熊的启蒙老师，教他写字背诗，还给他讲故事。

竺可桢5岁进学堂，7岁开始写作文。他平时读书很用功，有天晚上，当他学习后，上床睡觉时，大公鸡已经"喔喔"地啼叫了。母亲怕累坏了他的身子，就常常用陪学的办法促他早睡。竺可桢很聪明，有时随母亲睡了，可当他听到鸡叫时，知道天快亮了，又轻轻地爬起来，背诵老师教的国语课文。

竺可桢不仅爱学习，还爱思考问题。他的家乡雨水特别多，屋檐上老是滴水，落在石板上发出"滴滴答答"的响声。竺可桢站在一旁数那滴答作响的水滴，数着数着，他发现了奇迹，哎，这些石板上怎么有一个一个的水坑呀，水滴正好滴在小坑里。再看看另外一块石板，也是同样的情况。他立即跑去请教父亲。父亲见儿子好学上进，心里很高兴，耐心地向他解释说："小熊咧，这就叫'水滴石穿'呀！别看一滴一滴的雨水没有什么厉害的，但是，天长日久，石板就被滴出小坑了。读书、办事情，也是这个道理，只有持之以恒，才会成功。"从此，"水滴石穿"的教诲成了竺可桢一生的座右铭。从小学、中学直到大学，他一直用这句话鼓励自己，学习成绩一直处于领先地位。

1910年，竺可桢去美国留学，8年后，他获得哈佛大学博士学位回国。他看到中国没有自己的气象站，气象预报和资料竟由别的国家控制，在抗战爆发前的十余年间，他靠着水滴石穿的韧劲，不辞辛劳在全国各地建立了40多个气象站和100多个雨量观测站，初步奠定了中国自己的气象观测网。

竺可桢有记日记的习惯，主要记录了气象研究的各种资料，每当自己稍有懈怠的时候，他就想起水滴石穿的故事来，于是继续持之以恒地工作。

可惜由于战乱，竺可桢只保存下了1936年到1974年2月6日之间写下的日记，但这已经非常宝贵了，因为在这近40年时间里，竺可桢的日记竟然一天也未间断！这些日记共计800多万字。直到他去世前一天，还用颤抖的笔在日记本上记下了当天的气温、风力等数据，实在是难能可贵。

> 提倡科学，不但要晓得科学的方法，而尤贵在乎认清科学的目标。
>
> ——竺可桢

阿炳:
父亲教击鼓使他走上了音乐之路

　　在外面受了气，阿炳又只好回到了道观中，他看到了道观中放着木鼓，于是就上去用力地敲打起来。一直敲到精疲力竭，才觉得心里好受些。父亲出来看阿炳在狠命地敲鼓，知道他心中有气，也不劝阻他，一直到阿炳敲累了，父亲才说："如果你想敲鼓，就好好地学吧，以后不要到外面去了。"就这样，父亲开始教阿炳学击鼓。刚开始阿炳只是觉得解气好玩，但是慢慢地，他开始迷上了音乐。

阿炳（1893~1950），原名华彦钧，生于江苏无锡，著名的音乐大师，代表作《二泉映月》。

阿炳的父亲名叫华清和，是一个道士，阿炳是他的私生子，母亲在阿炳一岁的时候就去世了，阿炳只好和自己的叔叔生活在一起。由于缺少母爱，阿炳从小郁郁寡欢，经常和邻居家的小孩子们吵架，他的父亲觉得这样下去不行，于是就在阿炳4岁的时候，把他接到了自己的身边，就这样阿炳随父亲在无锡雷尊殿做了小道士。

虽然做了道士，阿炳一开始还是很不适应这种冷清的生活，他经常偷偷溜出道观一个人跑到街上去玩。

街上的那些富人家的小孩子一看到阿炳，就过来嘲笑他是道士的私生子，阿炳气不过就和他们厮打起来。在外面受了气，阿炳又只好回到了道观中。他看到道观中放着木鼓，于是就上去用力地敲打起来。一直敲到了精疲力竭，才觉得心里好受些。

父亲出来看阿炳在狠命地敲鼓，知道他心中有气，也不劝阻他，一直到阿炳敲累了，父亲才说："如果你想敲鼓，就好好地学吧，以后不要到外面去了。"

就这样，父亲开始教阿炳学击鼓。刚开始阿炳只是觉得解气好玩，但是慢慢地他开始迷上了音乐。他的父亲就擅长好几种乐器，于是阿炳对父亲说：

"爸爸，我也想学演奏乐器。"

华清和说："孩子学乐器要吃很多苦，你能行吗？"

阿炳说："行，我一定能坚持下来的。"

就这样阿炳开始跟父亲学器乐。父亲对他的要求非常严格，每天清晨很早就让他起来练习吹笛子，等他能吹基本音阶时，父亲又给笛子的尾部挂上一个秤砣，让他坚持练习。阿炳奇怪地问："为什么要加上秤砣呢？"

父亲说："这样可以锻炼你的腕力。你现在手上的力气太小了。"

每天空闲的时候，阿炳就拿着筷子在方砖上练习击鼓，父亲让他一天要击上好几万下。由于阿炳勤学苦练，他很快就学会了好几种乐器，但是父亲还是让他继续苦练。他对阿炳说："仅仅学会是远远不够的，你必须要练得非常精通才行。"

由于经常有人请道士们做道场，阿炳就有机会看到道士们在一起演奏乐器。他十分好学，到13岁的时候，阿炳就已经精通了很多种乐器了。

1906年的某一天，无锡的一个道观正在准备做道场，大家都已经做好开场的准备了，才发现打鼓的老道士病了，不能上场，大家都非常着急，互相张望着不知道如何是好。这时候走出来一个十二三岁的小道士，毛遂自荐地说："让我来替他击鼓吧！"

"你行吗？"大家都很惊讶地看着他。因为击鼓是非常需要功力的一种技艺。但是大家又没有别的法子，于是就答应让小道士试试。结果道场做下来后，大家都为小道士精湛的技艺感到吃惊，情不自禁地叫起好来。他们将阿炳称为"小天师"。

这以后，阿炳就开始正式登场演奏。几年下来，阿炳在无锡道教界中，成为了公认的技艺超群的人物。

此时的阿炳已不仅仅只是个痴迷打鼓的小道士了，他从打鼓起步，已经成为了著名的演奏家。

但他并不自满，他知道要真正搞好音乐，就不能只局限在道教音乐中，于是他经常利用演出的机会，拜师访友，提高自己的技艺。有一次他在街上遇到了一个拉二胡的民间老艺人，阿炳立刻被他的乐曲吸引住了。他在那里听了很久，觉得老人的技艺很高，于是谦虚地向老人请教说：

"老人家，您拉的是什么曲子呢？这乐曲真是太好了。"

老艺人说："这是我自己编的小曲，我沿街卖艺好多年了，还从来没有人对这些小曲感兴趣呢。"

阿炳很诚恳地说："老人家，您收我做个学生吧。"

老艺人被他的诚心打动了，就这样阿炳向老艺人学习民间音乐，同时也向他学习乐曲的创作。老人将自己的技艺全部教给了阿炳，这为阿炳后来的乐曲创作打下了扎实的基础。

正当阿炳踌躇满志准备向音乐高峰攀登的时候，天有不测风云，阿炳的视力开始出现了问题，并且越来越严重，到30多岁的时候，他已经完全失明了。这使得阿炳遭受了极大的打击，但是他以顽强的毅力战胜了痛苦，他把艺术是相通的，阿炳由击鼓解气而爱上了音乐演奏，最终成为一代音乐大师。当然，阿炳的成功是与勤奋努力分不开的。干任何事情，光有兴趣而不去努力，舍不得吃苦，是很难取得成功的。

所有的精力用在了音乐创作上，将自己所感受的痛苦都融入了音乐，创作了《二泉映月》等很多杰出的乐曲，成为了一代音乐大师。

苦难能使人变得坚强。

——阿炳

图片由徐小阳先生提供

徐悲鸿：
父亲带他观察自然给了他艺术熏陶

　　父亲经常带他游历附近的江河山川，教他学会欣赏和观察大自然。绚丽多彩的晚霞，青翠欲滴的竹林，千姿百态的奇石，温顺的牛，飞奔的马，变幻无穷的人间百态，都是他悉心观察的对象。这一切对徐悲鸿的一生影响很大。

徐悲鸿（1895~1953），江苏宜兴人，中国现代美术的奠基者，杰出的画家和美术教育家。曾任中央美术学院院长和中国美术家协会主席。

童年时的徐悲鸿因为家里穷，没有上过学。他的父亲徐达章，靠自学成为当地有名的画家，而且诗词、书法、篆刻也样样精通。

徐悲鸿在父亲身边耳濡目染，从小就对绘画产生了极大的兴趣。父亲经常带他游历附近的江河山川，教他学会欣赏和观察大自然。绚丽多彩的晚霞，青翠欲滴的竹林，千姿百态的奇石，温顺的牛，飞奔的马，变幻无穷的人间百态，都是他悉心观察的对象。这一切对徐悲鸿的一生影响很大。

9岁时，徐悲鸿正式学画，每日临摹一幅吴友如的国画或人物画。吴友如是清末最杰出的插图画家，在尺幅之间可以把花鸟鱼虫、亭台楼阁甚至千军万马画得栩栩如生，使徐悲鸿很羡慕。

徐悲鸿虽然也热衷于临摹，但他更喜欢独立创作，美好的自然景致成了他创作的源泉，生活就是他最好的老师。为了画好人物画，弟弟、妹妹和邻居都成了徐悲鸿的模特。有一次，父亲出门回来，问徐悲鸿有人来过没有，徐悲鸿拿出来人的肖像给父亲看，父亲就知道来人是谁了。

除此之外，徐悲鸿还注意汲取各派名家的长处，他每次随父亲进城，一定要到画店观赏石涛、八大山人、任伯年等著名画家的作品，回家后再凭记忆默画。

徐悲鸿的最大快乐是去茶馆听书。他最喜欢听《三国演义》、《岳飞传》、《水浒》。那些英雄人物鲜明地活跃在他的脑海里。听完了书，他马上跑回家，按照自己的想像，把英雄画下来。很快，一幅幅身披战袍、手持长矛、跃马飞奔的英雄像画好了。他把它们剪下来，挂在竹竿上，得意地举着它在镇上跑来跑去，不一会儿，成群的孩子快乐地跟着他跑，一面高声呼喊着，仿佛一支除暴安良的好汉队伍。

徐悲鸿17岁时已成为当地有名的画家，同时在三所学校教授美术。后来他只身来到上海，渴望接受更高的教育。他给在上海中国公学担任教职的一位同乡写信并附寄了作品，这位同乡将作品送交校长并得到许诺，可以给他一个教职。徐悲鸿欣喜万分，辞职前往上海，但哪知这位校长在看到了徐悲鸿一副穷苦青年的样子后大有悔意，当即毁约。徐悲鸿不得不失望而回。第二年，徐悲鸿再次来到上海，考取了复旦大学的法文系，他一边读书，一边画画，一边打工谋生。

有一次，美术馆让他画4幅仕女图。这4幅画最快也要一个星期才能画好，徐悲鸿的口袋里只有5个铜板了，而一个铜板只能买一个饭团。画到最后，徐悲鸿饿得头晕目眩、眼冒金星，但他还是坚持把仕女图画完了。

徐悲鸿没有向困难低头，他抓住了一个改变命运的机会。他为哈同花园画的仓颉画像赢得各方好评，得到1600元大洋酬金，他用这笔钱圆了出国求学的梦想。1919年，法语学成后，徐悲鸿萌发壮志，到法国巴黎求学。他以优异的成绩考取了官费留学生。因为带着自己的妻子，靠着一个人的公费，徐悲鸿的留学生活相当清苦，但他省吃俭用，努力求学。在班上，他每次考试都名列前茅。

课堂之外，徐悲鸿也从不懈怠，他喜欢画马，但临摹别人的画作总让他觉得充满困惑，画出的作品没有生动性可言，他觉得画画也不能全凭空设想，只有深入实际，像当初跟大自然亲密接触一样才能创作出不朽的作品。

之后，他常去马场画速写，绘马的画稿，堆积了一屋子，为他后来创作闻名于世的奔马的形象打下了坚实的基础。

在巴黎学了整整8年，徐悲鸿终于以优异的成绩通过了各门功课的考试。

回到祖国，他接过了著名前辈林风眠先生的教鞭，担任了北平艺术学院院长一职。就任院长期间，他先后聘请了没有任何学历，在艺术上却卓有成就的齐白石、李苦禅、吴作人等画家到学院担任教职，为中国美术呕心沥血，培育了无数英才。

徐悲鸿成为当时美术界最有影响的人物，他的绘画取法西方古典写实主义，大力倡导用"写实主义"改造中国画。特别是他的"素描是一切造型艺术的基础"论，借助他在教育界的权威地位，在画史上产生了划时代的效果。这宣布了从顾恺之到任伯年1000多年间勾线填色形式的大体结束和一代新形式国画的诞生。他的写实主张和从苏联引进的"社会主义现实主义"并为一体，成为20世纪最大的主流画派。其影响之大是不可否认的。通过在国外举行的一年零七个月的"中国近代绘画展"的巡回展览，破除了西方人轻视中国文化艺术的偏见，在世界艺坛上为祖国文化树立了威信。

艺术来源于生活。徐悲鸿的父亲虽说是一位画家，对徐悲鸿的成才相当有利。但是父亲如果不带领儿子走出家门，儿子也不可能这么热爱自然，更不会懂得欣赏和观察自然。没有了这一切，也就没有后来的艺术生活。谁都知道，徐悲鸿的"马"，堪称画界一绝，而这一切恰恰得益于他自幼对马的详细观察。由此可以看出，聪明的家长通常不会让孩子为了学习而学习，而是寓教于乐，让孩子在快乐中获得真知。

爱才惜才，不惜一切代价地培养人才，是徐悲鸿一生所坚持的。因为在他困苦的青年时期，曾有那么多热心人相助，他自己也不放过帮助任何一个有才之士的机会。徐悲鸿因为善于发现人才，造就人才，堪称美术界的伯乐。

> 一个人到了山穷水尽的地步而能够自拔，才不算懦弱啊！
>
> ——徐悲鸿

茅以升：
祖父的鼓励让他暗下决心

　　他10岁那年端午节，南京举行龙舟比赛，场面非常热闹。站在岸边上的人唯恐看不到，纷纷挤上了秦淮河上的文德桥。突然，文德桥一下子塌下来，桥上的人们措手不及，掉入水中，砸死、淹死了一些人。这件不幸的事使茅以升非常震惊。他暗下决心，长大了一定要造最结实的桥。

茅以升（1896~1980），字唐臣，江苏镇江人，著名桥梁专家、教育家。他主持建造了我国第一座现代化大桥——钱塘江大桥。

茅以升的祖父叫茅谦，是我国近代史上颇有影响的水利专家。生前写的《水利刍议》一书，至今还珍藏在北京图书馆。受祖父的影响，童年时代的茅以升就养成了爱思考的好习惯。有一年过元宵节，祖父送给以升一只"走马灯"。起初他看到这灯时，只是觉得好玩，看着看着他感到很奇怪："这个'灯'真的会走呀！"通过仔细观察，他明白了其中的原理，于是，他从家里又找来一枝蜡烛，放在轮子上，点燃后，"走马灯"果真转得更快了，"实验"的成功，使他心花怒放。

茅以升从小就聪明好学，7岁时进了南京思益学堂，这所学校是我国第一所新式小学。可以学习许多自然科学知识，茅以升可高兴了。求知欲特别旺盛的茅以升，有一次看到一本书上圆周率精确到了小数点后面100位，他就使劲儿背。到了新年晚会上，他一口气把100位数字准确无误地全部背了出来。在场的老师和同学都惊呆了，长时间地给他鼓掌。

茅以升的母亲叫韩石渠，是一个贤良出色的女性，虽然没上过学，但凭自学获取了很高的文学修养。她深深地懂得，要使孩子将来能报效国家，一定要让他们读书。

在茅以升的家乡，每年过端午节，都会在秦淮河上举行龙舟竞赛。茅以升10岁那年端午节，南京举行龙舟比赛，场面非常热闹。站在岸边上的人唯恐看不到，纷纷挤上了秦淮河上的文德桥。突然，文德桥一下子塌下来，桥上的人们措手不及，掉入水中，砸死、淹死了一些人。这不幸的事件使茅以升非常震惊。随之一连串的想法在他脑海里翻滚：桥为什么会坍塌？能不能造一座承载压力大而又长期不塌的桥呢？正是秦淮河上这座桥的坍塌，使少年时代的茅以升下定决心：将来上大学一定要攻读土木工程专业，一定为国家造出永不坍塌的桥梁，避免此类悲剧的发生。此后，茅以升只要看到桥，总是从桥面到桥柱看个够。只要看到有关桥的文章，就把它抄在本子上，遇到有关桥的图画就剪贴起来，时间长了，足足攒了厚厚的几大本子。

看着心爱的孙子对桥梁的兴趣一天比一天浓厚，茅以升的祖父感到由衷的高兴。他知道，对这棵向往知识、向往美好的小苗，作为长者，自己能够做也必须做的，就是悉心呵护，悉心培养，悉心引导。

祖父把孙子叫到自己身边，意味深长地给他讲了一个故事。

传说东海之滨，有一座神山，神山上住着一位神仙爷爷，他的手里有一枝很大很大的神笔。他用这枝神笔，画出了天上飞的鸟，画出了水里游的鱼，画出了高楼万丈平地起，画出了大桥如虹南北架……

茅以升双手托着下巴，听得如痴如醉，完全入了神。

"太好了，这枝神笔真奇妙。爷爷，我要有这样的一枝神笔，就可以造好多好多桥了！"

爷爷笑了。他似乎早就猜到孙子会这么想。

"世界上有许许多多的人都想得到这枝神笔，但是，要得到这枝神笔，首先要记住两个字。"

"哪两个字？"

祖父意味深长地朝茅以升望了一眼，慢慢地走到笔架前，取下一枝如椽巨笔，铺纸挥毫，写下了遒劲有力的两个大字：奋斗！

他回过头来，凝视着孙子。

"你懂了吗？"

"我懂了，只要肯奋斗，就能得到神笔，就能造出世界上最美的大桥！"

茅以升中学毕业后，以优异成绩考入唐山路矿学校，他毫不犹豫地选择了造桥专业。作为一个少年成才的学生，自然受到方方面面的关注。在开学典礼那天，校长特意在大会上向所有的来宾和师生介绍了茅以升。

面对不断涌现的赞美，茅以升表现出与年龄极不相称的冷静。他并没有沾沾自喜，而是给自己制定了严格的学习制度，每次上课前都认真预习，画出不懂的地方。上课时记下老师讲课的重点和难点，课后再参考外文书籍，整理成笔记。在校5年里，他整理的听课笔记有200本，近千万字。当时的教育部考查全国各工科大学教学成绩时，唐山路矿学校被评为第一名。在第一名的学校里，茅以升毕业考试成绩名列第一。

清华学堂向全国招收10名留美研究生考试，结果他又获得第一名。茅以升漂洋过海到美国留学，仅一年时间，便取得硕士学位，两年后获得博士学成长启迪：

一次突发事件让茅以升萌发了造桥的念头，这在当时来说未免有些可笑，但不能不说茅以升是一个有心人，一个有着强烈的责任心和使命感的人。有志者，事竟成。茅以升儿时的梦想终于在多年后得以实现。所以说，一个人从小就该树立远大的理想，如果一个人连理想都没有，又何从谈起奋斗呢？而没有了奋斗，又怎么能取得成功呢？

位，他的论文获得了金质奖。美国导师想留下他继续做研究，他说："科学是没有国界的，但人是有国籍的。"毕竟，童年时代经历的塌桥事件给他的印象太深了。他要把学得的知识用于实践，在中国造现代化的大桥。

回国后，茅以升想，中国的大河上，已经有一些大桥了，但都是外国人造的。我们中国人要自己建造钱塘江大桥，外国人能干的，我们中国人也能干。

1933年，茅以升任杭州钱塘江大桥工程处处长，担纲建造钱塘江大桥。他小试牛刀，成功地采用"射水法"、"沉箱法"和"浮运法"，仅用了两年半的时间，就建成中国自建的第一座现代化大桥——钱塘江大桥。

茅以升先后出任"中央研究院"院士、"中国工程师学会"会长、"交通部中国桥梁公司"总经理兼总工程师。新中国成立后，又出任中国交通大学校长、上海科学技术联合会主席、中华科学技术普及协会副主席。1955年，他出任武汉长江大桥技术顾问委员会主任委员，再度受命，领衔建成备受世人瞩目的武汉长江大桥……

> 任何一种对时间的点滴浪费，都无异于一种慢性自杀。
>
> ——茅以升

朱光潜（右），1933年，摄影者不详

朱光潜：
父亲的"禁书"给了他一次脱胎换骨的冲击

　　有一次，父亲要外出几天，这可是个不可多得的好机会。朱光潜鼓起勇气打开书箱，霎时间眼前一亮，有这么多好书啊！其中一本梁启超的《饮冰室文集》，让他如获至宝，爱不释手。书中激进的思想，浓烈的感情，酣畅的文字，使朱光潜对"新学"更加向往。他对梁启超太崇拜了："这样的人生才有意义，才是有价值的人生，我也要成为他那样的人。"

朱光潜（1897~1986），笔名孟实，安徽桐城人。中国近代美学园地的开拓者和耕耘者，蜚声中外的美学家。

朱光潜出生在一个书香门第之家，父亲望子成龙心切，希望儿子将来走科举的道路。进入桐城中学后，朱光潜仍然接受传统教育的古训，整天就是做八股文章。对这种教育，朱光潜早就心怀不满。当时的中国正处在大变革的前夕，新文化运动正以波澜壮阔之势向偏远地区推进。朱光潜已经听说有新式教育的小学和中学，心中非常向往。

朱光潜的父亲有一个书箱，装有各式各样的书，但从来不许孩子翻阅。对朱光潜来说，这些书真成了伊甸园的"禁果"，但越是这样，朱光潜越是抑制不住自己强烈的好奇心，他恨不能马上打开书箱看个究竟。有一次，父亲要外出几天，这可是个不可多得的好机会，他鼓起勇气打开书箱，霎时间眼前一亮，有这么多好书啊！

其中一本梁启超的《饮冰室文集》，让朱光潜如获至宝，爱不释手。书中激进的思想，浓烈的感情，酣畅的文字，使朱光潜对"新学"更加向往。他对梁启超太崇拜了："这样的人生才有意义，才是有价值的人生，我也要成为他那样的人。"

父亲回来之后并未发现任何异常，他暗暗松了一口气，然后又开心地笑了，此时，他满脑子都是那些所谓的"禁书"上的内容，思维也插上了腾飞的翅膀。

朱光潜的大学历程极具传奇色彩，曾先后进过6所大学。先是考进武昌高等师范国文系，仅学了一年，便向教育部告了一状，愤然离去。接着考取香港大学教育系，港大的老师和课程比较先进，朱光潜开始对心理学产生了浓厚的兴趣。1925年，朱光潜考取了公费留学英国，在爱丁堡大学研究哲学。之后，又在伦敦大学、法国巴黎大学和斯特拉斯堡大学求学。有时他在两所大学同时注册，今天在英国听课，明天渡过英吉利海峡，又赶到法国听课。在学习过程中，他发现美学和自己喜欢的心理学、哲学、文学都是相通的，于是他最终选择了美学研究。他一面攻读康德等哲学家的著作，一面广泛接触各种门类的艺术作品。他读诗歌、看戏剧、参观雕塑。他曾经独自一人跑到意大利罗马的地下墓道，考察哥特大教堂和壁画的起源，到巴黎的卢浮宫观赏达·芬奇的《蒙娜丽莎》原作，能够近距离地欣赏到这幅世界名画，是他一生"最快意的事"。

经过如饥似渴的学习之后，朱光潜终于有所成就，成为了一代美学大师，而回想起他的父亲，他总是情不自禁地想起那箱书来，"真是些好书！"朱光潜不无感叹。

有些人天资颇高而成就则平凡，他们好比有大本钱而没有做出大生意；也有些人天资并不特异而成就则斐然可观，他们好比拿小本钱而做大生意。这中间的差别就在努力与不努力了。

——朱光潜

第四周

傅雷：
母亲的眼睛让他终生难忘

　　她找出一块很结实的土布，趁儿子还在熟睡，就把他的手脚捆绑起来。这时，傅雷从梦中突然惊醒，他看到了母亲那双布满血丝的眼睛，这双眼睛傅雷一生都不会忘记。后来，他在母亲的这双眼睛的"监视"下，几乎译遍了法国著名作家的所有作品。

傅雷（1908~1966），上海人，翻译大师。他数百万言的译作成为中国翻译界备受推崇的范文，被誉为"傅雷体华文语言"。

傅雷的童年非常不幸。他4岁时父亲傅鹏蒙冤入狱，不久便离开人世。母亲在父亲被囚禁时，为营救丈夫四处奔走，无暇照料孩子们，傅雷的两个弟弟和一个妹妹因病相继死去，只有傅雷侥幸活了下来。极大的悲哀几乎从心理上摧毁了母亲，她把所有的希望都寄托在儿子身上。望子成龙的母亲以近乎残酷的方式督促傅雷的学业，希望傅雷以后能出人头地，为屈死的父亲洗刷冤恨。

夏季一个阳光明媚的早晨，欢快的鸟儿在歌唱，傅雷追随着鸟儿来到田间，他不喜欢上课，在大自然里玩耍多么惬意。

他没想到，学堂的老师找到他家并责备母亲管教不严，母亲忍气吞声承担了儿子逃学的责任。

傅雷回家以后，母亲问傅雷，今天学堂的功课怎么样，傅雷不知实情，敷衍了几句，母亲当时没说什么。

晚上傅雷睡熟后，母亲跪在丈夫的灵牌前哭了一阵，儿子的逃学让她万念俱灰，生命对她已经没有意义，一个可怕的念头出现在母亲的脑海：不如我们母子都随丈夫一起去了。

她找出一块很结实的土布，趁儿子还在熟睡，就把他的手脚捆绑起来。这时，傅雷从梦中突然惊醒，他看到了母亲那双布满血丝的眼睛，这双眼睛傅雷一生都不会忘记。

他吓得大叫起来，可是他动弹不了。傅雷立刻猜到母亲的疯狂念头，他声泪俱下地恳求母亲饶了他这一回，但是母亲已绝望了。

母亲把他拖向一个离家不远的深水塘，他拼命地喊救命。直到几位邻居奔出来，把母亲推倒，才救出了傅雷。

从那以后，傅雷再也不敢逃学了。不久他便以优异的成绩考上了上海大同大学的附中。

在学习期间，国内的学生运动风起云涌，这一运动风潮也波及了上海大同大学的附中，作为热爱祖国渴望民族富强的进步学生，傅雷也参加了运动，可是迫于政府的压力，学校决定将他交给警察机关治罪。傅雷的母亲听到消息以后，当即赶到学校，将傅雷领回家中。回到家里，母亲变卖了所有的家产并迅速把傅雷送到法国留学。由此，傅雷躲过了一场劫难。

在留学法国期间，傅雷丝毫没有放松对自己的要求，他有一种很奇怪的感觉，总感到无论走到哪里，母亲那双布满血丝的眼睛总是在背后盯着她，仿佛在告诫他要认真学习。为此，傅雷在学习上不敢有丝毫的倦怠。

留法期间，傅雷眼界大开，他用极大的热忱投入了多种艺术活动，集中精力探索古希腊的艺术和欧洲文艺复兴时期的作品，在此期间他还结识了后来在中国非常有影响的画家和学者刘海粟、孙伏园、孙福熙和刘抗等人。

在文学方面，傅雷对法国出名的作家作品都进行了持久而深入的研究。他从法国18世纪的文学开始一直研究到了当时正处于巅峰时期的罗曼·罗兰。

通过对罗曼·罗兰的深入研究，他知道莫扎特与贝多芬，体会到了人与命运的抗争，体会到了一个伟大心灵的悲痛与反抗。同时也与音乐结下了不解之缘。

1931年，傅雷与刘海粟夫妇回到了中国。1932年与家乡的未婚妻朱梅馥举行了婚礼。朱梅馥是受过新教育的女性，她成了傅雷最贤惠和最得力的助手。

回到上海以后，傅雷受刘海粟的邀请进入了上海美术专科学校教授美术史和法文，同时还担任学校办公室主任一职。一年以后，他辞去了这个职位，开始做翻译工作。1933年他翻译了菲利普·苏卜的《夏洛外传》，并自费印刷出版了这部作品。

译书是一件比较枯燥而单调的事情，傅雷也曾有过懈怠，但是一想起母亲的那双眼睛，他马上便打起精神，潜心工作。也正是在母亲的这双眼睛的"监视"下，傅雷把自己的毕生精力投入到了自己所热爱的翻译工作中。

傅雷的一生几乎是在书斋里度过的，他的译作不论是数量还是质量都让人惊讶，他把罗曼·罗兰、巴尔扎克、伏尔泰、梅里美的名作介绍给了中国的读者。

在翻译过程中，傅雷对自己的要求非常严格，他总是把原著看过四五遍以后才进行翻译，就拿巴尔扎克的《高老头》来说，傅雷就前后译过3次。他

成长启迪：

　　母亲对待儿子的举动虽说有些残酷，但是恨铁不成钢的一颗心却是日月可鉴。所以，作为一个有自尊心的孩子是不会选择让母亲失望的，傅雷的成功是对母亲最好的安慰。

在上世纪五六十年代所翻译的《钢铁是怎样炼成的》、《牛虻》、《约翰·克利斯朵夫》都受到了知识界广泛的喜爱与赞赏，也为他带来了出众的名声。

一切学问没有速成的，尤其是语言。

——傅雷

吴健雄：
父亲送的"百科小丛书"激起她的兴趣

　　小健雄对这些奇妙的自然知识产生了浓厚的兴趣，每每为"百科小丛书"中科学家的故事所吸引，她暗自惊叹，这些科学家实在是太伟大了，能够发明那么多东西，今后我也要成为他们那样的人。这成了一个强烈的信念，深深植根在小健雄的内心深处。

吴健雄（1912~1997），江苏太仓人，被誉为世界最杰出的女性物理学家、核物理女皇、中国的"居里夫人"。她获得过除诺贝尔奖以外的几乎所有大奖，1975年当选为美国物理学会有史以来第一位女性会长。

吴健雄是吴家第二个出生的孩子，却是头一个女孩。小名叫薇薇。薇薇出生之时，她的祖父，在清末中过秀才的吴挹峰老先生还在世，吴老先生难免有些重男轻女的观念，因此，薇薇虽是家中唯一的女孩，却没有受到恣意的娇宠。

薇薇的父亲吴仲裔毕业于上海南洋公学，他不但思想进步，有见解、有胆识，而且还是个兴趣广泛的人，喜欢无线电、弹风琴、唱歌、吟诵古典诗词等等。薇薇在浏河镇的明德学校上小学，这所学校是她父亲创建的。在父亲创建学校的过程中，她亲眼目睹了其中的艰辛。父亲在地方乡里勇于承担重任，引领新的风气观念，令吴健雄为父亲骄傲，同时也受到许多启发。

幼时的薇薇长眉秀目，聪明伶俐，识字、背古诗、做算术都比别的孩子学得快，特别讨人喜欢。薇薇在学校接受了正规的知识教育，门门功课都很优秀。父亲为子女提供了一个宽松的学习环境，对他们的成绩并不作过高的要求。父亲看薇薇沉静好学，天资聪颖，凡事喜欢问个为什么，就特别注意教给薇薇一些新的科学知识。他把上海《申报》上的一些科学趣闻，念给识字不多的小健雄听。他还拿来自己常看的上海商务印书馆出版的"百科小丛书"，为薇薇讲述其中一些科学家的故事。

小健雄对这些奇妙的自然知识产生了浓厚的兴趣，每每为"百科小丛书"中科学家的故事所吸引，她暗自惊叹，这些科学家实在是太伟大了，能够发明那么多东西，今后我也要成为他们那样的人。这成了一个强烈的信念，深深植根在小健雄的内心深处。

吴健雄小时候很佩服父亲的处事能力。那时候，虽然父亲接受了先进的教育，知识渊博，但是多数乡亲文化不高。父亲回到浏河办明德学校时，因为拆了火神庙中的神像，使乡民很不高兴，大家都埋怨他坏了风水。父亲经过考虑，觉得应该用一些乡里人能够接受的办法来解决这个问题。于是，大家选了个好日子，专门安排了送神的队伍，抬着火神像，一路吹吹打打，风风光光地将神像送到另一座城隍庙安家。薇薇和村里的小朋友又跑又跳地看热闹，乡亲们心里也都气顺了。

薇薇最感兴趣的是父亲自己装的一台矿石收音机，它带给童年的薇薇许多欢乐。它里面有新闻，有歌曲，还有故事，给薇薇展现了一个新奇的世界。父亲还给每家茶馆送去一台，使去茶馆的乡亲都有机会听到外面的新鲜事。更令小薇薇和孩子们高兴的是，父亲还到上海租电影片，带回来放给大家看，放电影的日子成了全村的节日。

吴健雄幼年人格的成长和发展，无疑受到了她父亲最大的影响。多年以后，吴健雄仍然无法忘怀童年快乐的日子，说那是一段"美好而快乐的生活"。她看了许多书，尤其值得一提的是那套"百科小丛书"，给了她最深刻的感动，促使她时刻牢记自己的理想：要向书中的人物学习，成为一名科学家！

正是抱定这样的信念，她刻苦学习，最终获得了出国留学的宝贵机会。

1939年吴健雄开始了由塞格瑞指导进行的实验，在这一系列的实验工作中，对吴健雄而言，可以说有两大重要意义。其一是这些实验虽有塞格瑞指导，但是大多数是吴健雄独立完成的；另外则是其中的一项结果，对于后来美国造原子弹的"曼哈顿计划"提供了关键的贡献。

吴健雄在原子核分裂和放射性同位素方面的杰出工作，当时已经使她成为奥本海默等许多大科学家口中的"权威专家"。

吴健雄终于实现了自己幼年的理想，在科学领域里做出了巨大的贡献，成为了世界一流的女科学家。

> 永远不要把所谓"不验自明"的定律视为必然。
>
> ——吴健雄

成长启迪：

良好的家庭教育环境对孩子的成长大有裨益。父亲的"百科小丛书"给了女儿关于自然知识的启蒙教育，女儿对科学研究的兴趣也正是在这时培养起来的。一个人的兴趣不是天生的，与后天的培养关系重大。作为家长有必要多方面培养孩子的兴趣，激发孩子身上的潜能，然后再有的放矢地重点培养，这样，才不至于让孩子走弯路。

李政道：
父母给了他一个安宁的读书环境

　　随着战火的迫近，为了寻找安静的环境，父亲又把他们三兄弟送到了江西赣州的联合中学。江西的生活非常艰苦，父母又都不在身边，他们除了学习还要互相照料。但大后方的和平环境，使酷爱学习的李政道感受到了难得的安宁。李政道十分感激他的父母，如果当年不是父母给他提供一个安宁的读书环境，他是很难有后来的成功的。

李政道（1926~ ），出生于上海，著名物理学家。1957年与杨振宁共同获得诺贝尔物理学奖。

李政道的父亲毕业于金陵大学，母亲毕业于上海启明女子中学。李家属于名门望族，在那时可算是一个典型的知识分子家庭。

李政道的父母对子女的教育是十分尽心和严格的。为了使子女在数学、英文和国文方面有坚实的基础，还专门请了家庭教师，家庭教师对李政道智力的开发起到了很大的作用。

李政道从小就十分喜欢读书，成天沉浸在书本中。只要有书，就什么都不顾了。一次他在上海英租界乘电车，因读书入迷，下车时，避让不及撞到了一个外国人身上。傲慢的外国人招来了租界上的外国巡捕，抓住了李政道。巡捕反背了李政道的双手，竟让那个外国人打了他一顿。那时李政道才13岁，他一辈子都没有忘记此事带给他的伤痛。

他15岁时，日军侵占了上海。兵荒马乱，世道艰难，更使父母亲意识到教育孩子的重要。他们下决心将李政道和他的两个哥哥一起送到了浙江嘉兴的秀州中学。李政道和小哥哥们开始了枪炮声中的学习。随着战火的迫近，为了寻找安静的环境，父亲又把他们三兄弟送到了江西赣州的联合中学。江西的生活非常艰苦，父母又都不在身边，他们除了学习还要互相照料。但大后方的和平环境，使酷爱学习的李政道感受到了难得的安宁。他不觉得困难和不适应，只是如饥似渴地学习着，成绩非常突出。

李政道读高三的时候，有一天，学校的训导主任派人把他请去。李政道心里直打鼓，训导主任有请大概不会有什么"好事"吧。训导主任这天还特别和气，指着坐在一旁的数学老师说："不少老师夸奖你，说你学习刻苦努力，成绩也很不错，特别是数学、物理更突出，很有天赋。现在战乱期间，学校聘老师很困难，经校方考虑再三，想让你为低年级同学上这两门课，怎么样，没有什么问题吧？"原来是这样，让我来当小先生！李政道感到非常突然，一下子愣住了，竟不知如何回答才好。

坐在一旁的数学教师笑着向他点点头，慢条斯理地说："小同学，当然做一个好老师也是一件不容易的事，这件事可以解校方的燃眉之急，对你个人也是一件大有益处的事情。"李政道使劲地点了点头，算是答应了这件事。

就这样，李政道走上了讲台，给低年级的同学上数学和物理这两门课。他不仅要学好自己的功课，还要抓紧课余时间来备课。由于他平时学习认真，很多概念在学的时候体会比较深，又是刚刚学过不长时间，很了解学生的难点和疑问，因此他的课讲得浅显易懂，竟收到了成年老师达不到的效果。学生们看着这位比自己大不了几岁的"小先生"，一本正经神态自如地侃侃而谈，都赞叹不已。

1943年，17岁的李政道离开江西，准备报考迁到贵阳的浙江大学。一路上他主要靠步行，衣食全无保障，又遇瘟疫流行，历经艰辛，没有小学和中学文凭的李政道，终于以同等学历的资格考取了浙江大学物理系。

浙江大学几经搬迁，办学条件很差，师生们过着异常困苦的生活。学校在竺可桢校长的带领下仍不断地开展教学和学术活动。在这里李政道开始接触到了一些国际知名的物理学家，像20世纪30年代从德国留学归来的王淦昌和束星北等人。李政道就是在这里开始接触量子力学、狄拉克方程、光谱精细结构、中微子实验与理论等重要的物理前沿问题，为日后解决重大的物理学课题打好了基础。

当时教室和宿舍都很拥挤，想找一个读书的地方也很困难，这使他十分怀念在江西联合中学的读书生活。但是他没有将这里的读书环境写信告诉自己的父母，他不想让父母为之牵挂。他决心有困难自己克服。后来李政道发现附近的茶馆是个好去处，那里有座位，有桌子，正好读书。李政道和同学课后便到茶馆里，花钱泡上一杯茶，一坐就是一天。但是茶馆里人来人往，喧哗吵闹，一会儿也不得安静。开始时李政道很不习惯，但也没有更好的去处，久而久之练出了一套闹中取静的功夫，可以专心读书，不受外界干扰。一天下来，茶水变成了白开水。后来，李政道常自称是"茶馆里的大学生"。

日军侵入贵州以后，浙江大学不得安宁，最终被迫停办。李政道转入昆明西南联合大学。西南联大是抗日战争爆发后不久，由清华大学、北京大学和南开大学在昆明组成的一所联合大学，它聚集了当时我国一大批最优秀的学者和教授，虽然教学设备很差，生活条件也不好，但教学质量还是很高的。而动乱时期，还能有一所安宁的学校读书实在是太幸福了。他仿佛又回到了江西联合中学。为此，李政道特别珍惜来之不易的学习机会。

1946年秋，在吴大猷先生的推荐下，19岁的李政道从昆明辗转到上海，从黄浦江畔登上了"美格将军号"轮船赴美国深造。芝加哥大学是唯一允许没有大学毕业资格的学生进行博士研究的大学，他就在芝加哥大学注册了。

李政道在西南联大注册时，杨振宁已经获得硕士学位了，那时候李政道与他只是点头之交。而现在他们都住在芝加哥大学的国际学生公寓内，他们开始很认真地讨论物理学中的一些问题。

他们的努力终于换来了丰硕的成果。1957年李政道和杨振宁获得了诺贝尔物理学奖。

李政道十分感激他的父母，如果当年不是父母给他提供一个安宁的读书环境，他是很难有后来的成功的。

你不能计较早晨或黄昏，一天二十四小时都是你的工作时间。

——李政道

摄影者：Tim Hipps, U.S. Army

李宁：
爸爸送他到学校体操队

　　有一天，上一年级的李宁发现课外体操小组在进行室内训练。李宁缠着体育老师也想加入训练。"你太小，才一年级，我们只要高年级学生。等过几年再说吧！"体育老师回答。小李宁没办法，只好搬来爸爸跟体育老师说情，这才如愿以偿进了学校体操队。从此，他便一步步走向体操的成功之路。

李宁（1963~　），广西人，20世纪杰出的体操运动员，李宁体育用品有限公司董事长。1999年，他被世界体育记者协会评为"20世纪世界最佳运动员"。

李宁作为优秀的体操运动员，他的名字可谓如雷贯耳，可是他小时候最喜欢的却是唱歌。他的父亲是位音乐老师，李宁继承了父亲的好嗓子，别人唱歌他听几遍就会了。那时候，学校为普及"样板戏"，刚上一年级的李宁竟当上了小老师，每个班轮流教唱。那时候他的理想是当个歌唱家。

到了六七岁时，李宁的爱好变了，他喜欢到建筑工地的沙堆上翻跟头、竖倒立。他的倒立姿势是所有伙伴中最标准的，他十分得意。晚上回家时，妈妈总能从他的口袋鞋袜里倒出许多亮晶晶的沙粒。

有一天，上一年级的李宁发现课外体操小组在进行室内训练。看着看着，他的心理不平衡了："不就是拿大顶、翻跟斗嘛，我也会！"他想，"在这里玩可比在沙堆里好多了，妈妈再不会说我是小沙猴了。""老师，你让我参加体操队吧！"李宁缠着体育老师。"你太小，才一年级，我们只要高年级学生。等过几年再说吧！"体育老师回答。小李宁只好搬来爸爸跟体育老师说情，这才如愿以偿进了学校体操队。

起初，李宁的爸爸也没当回事，他认为孩子喜欢做的事大人应该支持，并没想到儿子会在这方面大有出息，正是这无意中的神来之笔，为祖国输送了一个杰出的体操人才，造就了李宁在体操上的成功。

李宁迷上体操之后整天精神头儿十足，每天一回家就把活动床板取下来练翻腾，一会儿又把床架竖起来练压腿，忙得不亦乐乎，妈妈催上好几遍才肯吃饭。就是上课前的时间，他也不忘练上一会儿。

李宁8岁就进了广西体操集训队。教练对李宁的爱是用加倍的严厉来表达的。常常是别人下了训练课，小李宁还在体操房里补课。别人练两遍，他至少练三遍。严格的训练，使"小不点儿"进步很快。

10岁的李宁第一次参加了全国少年体操分区比赛，就获得自由体操的冠军，他的前途一片光明。可是命运跟李宁开了个残酷的玩笑。在一次双杠训练中，他的右臂骨折了，接着左臂也受了伤，伤病的折腾整整耗去了李宁3年聪明的父母都会尊重孩子的个性，尊重孩子的兴趣，因为这样做对孩子的成长成才十分有益。李宁的父亲并不因为自己是音乐老师而让孩子选择音乐这条道路，而是充分满足孩子对体操的兴趣。这种做法很值得家长朋友借鉴。

的宝贵时间。许多人为李宁担心，他还能再冒尖吗？

李宁没有被伤痛压倒，他依然刻苦勤奋地训练。在第六届世界杯体操赛上，李宁一人独得男子全部7枚金牌中的6枚，创造了世界体操史上的神话，被誉为"体操王子"。在23届洛杉矶奥运会上，李宁获6枚奖牌，成为这届奥运会上获奖牌最多的运动员。

面对众多的记者采访，李宁不无感慨地说，想当年，多亏了父亲将他送去学体操，否则，就不可能有今天的李宁。

一切皆有可能！

——李宁

英国BBC电视台2006年9月11日邓亚萍专题纪录片
摄影作者：Monthly World Table Tennis 2006年9月7日发表 来源于ITTF

邓亚萍：
父亲带她看打球

邓亚萍两岁多就开始坐在父亲的自行车后座上，去工人俱乐部看父亲打球。5岁时，流星飞舞的小白球成了她的梦想，她对父亲说："我也想打球！我要当世界冠军。"从此，她便与乒乓球结下了不解之缘。

邓亚萍（1973~ ），河南郑州人，乒乓球历史上最伟大的女子选手，在乒坛世界排名连续8年保持第一，她曾多次代表国家获得过世界冠军。

邓亚萍的父亲邓大松在河南省乒乓球队当教练，邓亚萍两岁多就开始坐在父亲的自行车后座上，去工人俱乐部看父亲打球。5岁时，流星飞舞的小白球成了她的梦想，她对父亲说："我也想打球！我要当世界冠军。"从此，她便与乒乓球结下了不解之缘。

她的个子太小了，站在球台前只露出个小脑袋和两只圆溜溜的眼睛，父亲便在她脚下垫上砖块。回到家里，父亲在房梁上悬着拴线的乒乓球，让女儿继续练习推挡。

经过几年的刻苦训练，邓亚萍被选送到郑州市乒乓球女队。刚开始，她年纪最小，技术最差。队内每次比赛，她都当"尾巴"。为此，她不知流了多少泪，但她从不气馁。早晨出操跑步，由于人小腿短，尽管使尽了力气，还是达不到规定的速度。为此，她每天坚持比别人多跑许多圈，渐渐地，她越跑越快。她并不满足，又把沙袋绑在腿上继续跑，终于练出了"飞毛腿"。

集训队的生活太枯燥了，小队员们经常去附近一家旱冰场玩，父亲不允许亚萍去，怕她受伤影响训练。有一天亚萍忍不住好奇心，和几个小队员偷偷跑去溜旱冰。父亲找到了旱冰场，在领她回队的路上，越说越生气，照她的屁股踢了一脚，这是好脾气的父亲唯一一次打亚萍。

邓亚萍13岁夺得全国冠军，14岁进国家青年队，15岁获世界冠军。邓亚萍的成功是因为拥有雄厚的技术实力。她夺取的每一只奖杯都盛满了平日苦练的汗水和心血。平时，她每天要比别人多练两三个小时，封闭训练时晚上规定练到9点，她练到11点多。算起来，她每年要比别人多练一个多月。练全台单面攻，她腿绑沙袋，面对两位男陪练左奔右突，一打就是两小时。多球训练时，教练将球连珠炮般打来，她瞪大眼睛，一丝不苟地接球，一口气打1000多个，一天要打10000多个。

她身体的许多部位都有伤病。为对付腰肌劳损，不得不系上宽宽的护腰；踝关节几乎长满了骨刺，平时忍着，痛得太厉害了就打一针封闭；每场比赛，她都要咬紧牙关战胜自我。她用辛勤的汗水换来壮丽的辉煌。

今天的邓亚萍已经退役，但她并没有离开心爱的体育事业，在世界乒坛，她是丰碑一样的人物；在国际奥委会，她是为数不多的发展中国家委员。对于她来说，父亲当年为她选择的道路是无比正确的。

> 最主要的是树立自信心和有明确的学习目标。
>
> ——邓亚萍

下 外国篇

达·芬奇:
父亲发现了他的绘画天赋

　　6岁半那年达·芬奇上学了。在学校里他学到了许多知识,并对画画很感兴趣。一天,他在上课的时候不专心听讲,便用纸和笔给老师画起速写来。回到家里他把这张速写拿给爸爸看,爸爸看后觉得儿子在绘画方面很有天赋,从此以后,便有意在这方面培养他。达·芬奇没有让父亲失望,多年后,他终于成为世界著名画家。

达·芬奇(1452~1519)。意大利文艺复兴时期著名的自然科学家，天才的艺术家和杰出的工程师。同时，达·芬奇又是一位画家，他在绘画方面取得了巨大成就。其代表作《最后的晚餐》、《蒙娜丽莎》都是巧夺天工的传世名画，特别是蒙娜丽莎那神秘的微笑至今令人遐思，成为后世画家探索的源泉。

达·芬奇是一个私生子，父亲彼特罗是佛罗伦萨城的一个公证人，母亲嘉德娜是一个小镇酒馆里的女招待。

一个偶然的机会使得父亲彼特罗和母亲嘉德娜认识并相爱，可由于达·芬奇的爷爷干涉，他们的婚事遭到了否决。

等到达·芬奇5岁的那年，父亲彼特罗把儿子达·奇芬抱回家抚养。达·芬奇被父亲接过来以后，父亲便给他请来了养母阿尔别拉。养母阿尔别拉对达·芬奇非常疼爱，她常常教达·芬奇认字，并给他讲一些名人的故事。

6岁半那年达·芬奇上学了。在学校里他学到了许多知识，并对画画很感兴趣。一天，他在上课的时候不专心听讲，便用纸和笔给老师画起速写来。

回到家里他把这张速写拿给爸爸看，爸爸看后觉得儿子在绘画方面很有天赋，从此以后，便有意在这方面培养他。一天，父亲让他为邻居画一块木制的盾牌。达·芬奇开始收集标本，他把标本收集完以后又仔细地观察了许久才动手开始画这块盾牌。

为了画一块让人吃惊的盾牌，他花了整整一个月的时间，他在画面上画了一个两眼冒火、鼻孔生烟，看起来十分可怕的妖头。他画好后，准备让父亲来看。为了让父亲看见这张画以后感到害怕，他把窗户关上，只让一缕光线照在凶恶的女妖脸上。

父亲高高兴兴地和达·芬奇从外面走了进来，刚进屋来的父亲看见一个凶恶的女妖在屋子的角落狂笑，顿时吓坏了，拉着达·芬奇扭头便跑。

达·芬奇看到父亲惊恐的样子哈哈地大笑起来，"爸爸，别跑，这就是您让我画的盾牌。"

父亲听到达·芬奇的解释后，才跟着他又重新走进了放着盾牌的屋里。

"太像了，简直快把我吓死了。"父亲惊魂未定地称赞他。

16岁的那一年，父亲送他到大画家维罗奇奥那里去学画画。一开始维罗奇奥便让达·芬奇每天学画蛋，达·芬奇画了一段时间就开始厌烦了，"老师，我画了这么多蛋了，应该可以了吧？"

老师耐心地对他说："孩子，练习画蛋是练习你的基本功，要知道世上没有完全一样的蛋，如果你把这些蛋能画到随心所欲的地步也就可以了，可是我看你画的这些蛋怎么就没有我想像中的那样好呢？你得再来，一直要画到随心所欲的地步才行。"

从此以后，达·芬奇几乎每天都要画上几十个鸡蛋，在这样一遍一遍的练习中，他掌握了许多绘画的技巧。在老师耐心的教诲下，达·芬奇苦练基本功，终于熟练地掌握了绘画的技能。

在人文主义思想熏陶下，达·芬奇迅速成长为文艺复兴运动的一名战士。作为一名人文主义者，他在绘画中从现实生活着眼，努力创作真实而生动的艺术形象。他细心观察自然，对各种自然现象进行分析、总结，还从理论上对构图、透视、光线等作了探讨。为了确定人体的比例和结构，他研究了人体解剖学。在人体素描中，他先勾画出全身的骨骼结构，再添入神经，最后再加上肌肉，每部分都配上文字解说。达·芬奇主张绘画艺术不能只是临摹别人的作品，也反对把眼前的事物原封不动地加以再现。

1495年至1497年间，达·芬奇受米兰圣母玛利亚修道院的委托，以基督教传说中的一个故事为题材，创作了题为《最后的晚餐》的壁画。在他之前，许多画家都尝试画过这一题材，但都失败了。为了创作这幅传世壁画，达·芬奇付出了巨大的劳动。他经常到米兰城的各种场所去观察不同类型的各种人物形象，并画了许多形状各异的草图。这幅画的构图是：主人公耶稣庄严、静穆、安详地处于画面正中，餐桌两旁11个门徒左右呼应，把全部人物引向中心。达·芬奇把叛徒犹大安排在一个美貌文静的门徒旁边。他面目丑恶可憎，惊慌失措。在光线明暗的处理上，居于中央的耶稣背后衬以明亮的窗户，显得光明磊落，而犹大身上则显得特别阴暗，二者形成鲜明的对比。整幅画面人物虽多，但以耶稣为主体，布局匀称，色彩调和，成功地描绘了戏剧性冲突中人物的精神面貌。达·芬奇通过高超的艺术构思，表达了殉道者崇高的人道主义精神以及善良的人们对正义的热爱和追求，揭示了对叛徒的憎恨，鞭挞了邪恶。这幅壁画反映了世俗社会中人与人之间的关系，是现实主义的伟大作品。

大约在1503年，达·芬奇又完成了著名的肖像画《蒙娜丽莎》。在这幅画中，达·芬奇以他巧夺天工的技法，传神地画出了蒙娜丽莎嘴角边的一丝微笑。这微笑俏丽、自然、明朗、舒畅，引人遐思。那双别具神采的眼睛，又使她发自内心的喜悦之情跃然画上，表现出一个少妇特有的智慧和青春活力。这幅画体现了16世纪初"文艺复兴"时期的社会特征：人刚从封建束缚和神学的枷锁下得到解放后所特有的那种发自内心的喜悦和乐观主义情绪。这幅画现收藏在法国巴黎的卢浮宫，是世界艺术宝库中的珍品。

晚年的达·芬奇是在漂泊中度过的。1517年，他离开意大利移居法国，人们热情隆重地迎接了这位杰出的艺术家。在那里，他取得了国王首席画师的称号。两年之后的夏季，大师在法国逝世，他为世人留下了近20幅的名画，件件堪称艺术精品。重要著作有《绘画论》。他终生勤奋，死时留下的草图速写及其他手稿约有7000页。

达·芬奇是意大利"文艺复兴"全盛时期的杰出代表。在绘画方面他把科学知识和艺术想像有机地结合起来，树立了一派新风，创立了意大利这一时期反映世俗生活的新的绘画流派，为绘画艺术开辟了现实主义道路，使当时的绘画表现水平发展到一个新的阶段。他同米开朗琪罗和拉斐尔一起被称为"文艺复兴"时期意大利的三位最伟大的艺术家。

懒惰会毁灭人的才智。

——达·芬奇

哥白尼：
舅父的话让他爱上了天文事业

舅父是大教堂里的一位主教，经常给哥白尼讲上帝创造了太阳和地球，并告诉他，上帝让太阳照亮地球，施恩于人类……这些神学所创造的宇宙学说。这些故事，让哥白尼开始对天文发生了兴趣，他经常在晚上爬到阁楼上观察星星和月亮。

哥白尼(1473~1543)，著名的天文学家，波兰人。首次提出了"日心说"，引起了人类对宇宙认识的革命，它标志着近代自然科学的开始。

出生于波兰托伦城的一个富商家的哥白尼，从小就聪明好学。10岁那年，父亲去世了，他便和舅父一起生活。舅父是大教堂里的一位主教，经常给哥白尼讲上帝创造了太阳和地球，并告诉他，上帝让太阳照亮地球，施恩于人类……这些神学所创造的宇宙学说。这些故事，让哥白尼开始对天文发生了兴趣，他经常在晚上爬到阁楼上去观察星星和月亮。

不久，哥白尼到教会学校去读书，他的学习非常努力，17岁那年他便以很好的成绩走进了克拉科夫大学的校门学习天文和数学。在大学里他掌握了深奥的天文学，并且还学会了使用天文仪器。

一天，他跟着同学们坐船去旅游，他奇怪地发现，自己和同学们坐的船并没有动，相反他却发现是岸上的房子在走。这个现象让哥白尼对太阳围绕地球转的理论开始产生了怀疑。回到学校以后，他根据平时自己对天象的观察数据进行了反复的计算，发现原有的天文理论总不能自圆其说。

1494年，曾给予哥白尼天文学启蒙教育的沃依策赫老师要离开克拉科夫大学了。哥白尼去跟自己的恩师告别，在那里他碰到了意大利诗人卡里玛赫。卡里玛赫是沃依策赫的好友，他常常听到沃依策赫夸耀哥白尼的才华，于是他便有意考沃依策赫的这位高才生，他指了指一张挂在墙上的星象图说，你能跟我作一下解释吗？哥白尼看见那上面画着大大小小的圆圈，中央一个小小的圆点是地球，地球周围有七道逐渐扩大的圆圈，这是星体的运行轨道，哥白尼一看就知道这是托勒密的以地球为中心的星象图。

"这份星象图是错误的！"

停了一会儿他又说道："应该把它颠倒过来，让太阳静止不动，叫地球绕着太阳旋转。这样日升月落的现象才能得到更合理的解释。"

"年轻人，你真是太大胆了，你简直就是一个敢冒犯上帝的王子！"卡里玛赫感到惊讶，同时沃依策赫也觉得突兀，他们忙教育哥白尼，在没有足够的证据下千万不可口无遮拦。随着知识的积累，哥白尼对这个教会的天文学理论越来越怀疑了，为了搞清太阳与地球谁是宇宙的中心这个问题，他读一个人的成长是与周围的自然及人文环境不无关系的。哥白尼自幼受舅父的影响而对天文发生了兴趣。我们不难想像，哥白尼的舅父如果是一位画家，那么哥白尼很有可能对绘画发生兴趣。所以，作为一个孩子，其可塑性较强，做父母的可以从多方面培养孩子的兴趣，最终让孩子选择最感兴趣的作为突破口，这样对孩子的成长极为有利。

遍了各种文献和典籍。

为了有充裕的时间从事天文观察，他放弃了罗马教授的职位，回到了波兰做一个教堂的教士。他住在教区的塔楼顶层上，这是一间向前倾斜的房子，这个房子有三个窗口，他可以从三个方向观测天象，但是哥白尼还嫌这不够，于是又在屋顶上开了几条缝隙。

哥白尼不管春夏秋冬，每天都坚持用自制的简陋仪器观察。根据前人的论述，加上他自己的观察和研究，他提出了"太阳是宇宙的中心，所有的行星都围绕太阳运转"的理论。

他这个理论一出来就受到了教会的批驳，因为它与教会的"上帝创造一切"的理论相冲突，所以他立马遭到了教会的攻击和迫害。尽管如此，他还是花了36年的心血，写成了《天体运行论》一书。正是因为哥白尼的"日心说"，才使得自然科学从神学的枷锁中解放了出来。

> 勇于探索真理是人的天职。
>
> ——哥白尼

塞万提斯：
父亲给了他一个书本世界

　　父亲深知文化知识的重要，所以他常常鼓励小塞万提斯多看书。有时父亲给有藏书的人去看病时，常常会借书回来给小塞万提斯看。塞万提斯是一个爱学习的孩子，每次爸爸给他借书回来他都会很快地把它看完，然后又缠着爸爸再去给他借。慢慢地塞万提斯便变成了一个认识许多字的孩子了，认识字后的塞万提斯便开始写起诗来。这一切为他后来的创作打下了基础。

塞万提斯(1547~1616)，西班牙文艺复兴时期最杰出的小说家，《堂·吉诃德》是他的代表作。

塞万提斯出生于马德里附近的一个小镇上，他的父亲是一个走南闯北的医生，父亲深知文化知识的重要，所以他常常鼓励小塞万提斯多看书。有时父亲给有藏书的人去看病时，常常会借书回来给小塞万提斯看。塞万提斯是一个爱学习的孩子，每次爸爸给他借书回来他都会很快地把它看完，然后又缠着爸爸再去给他借。

慢慢地，塞万提斯便变成了一个认识许多字的孩子了，认识字后的塞万提斯便开始写起诗来。

到了19岁的那一年，全家人在马德里定居。这时塞万提斯已经是一个才华横溢的文学青年了，他的诗也得到了西班牙大主教的赏识。

1569年的冬天，塞万提斯终于交上了好运，那就是大主教让这位文学青年当了他的一名侍从，陪着他到意大利的罗马去。

塞万提斯陪着大主教游历了意大利的许多文化名城，这些地方给塞万提斯留下了美好的印象，他因此写下了许多优美的诗篇。

大主教看了这些诗以后特别喜欢，他常常对塞万提斯赞不绝口，谁知这些好诗却给塞万提斯带来了麻烦。其他侍从看见塞万提斯这么让大主教喜欢，便开始对这位有诗才的年轻人进行攻击。

后来塞万提斯也感觉到自己没法在大主教身边待下去了，他便在意大利加入了一支西班牙的军队，从此，他便由侍从变成了一名军人。

1571年10月7日，当了军人的塞万提斯参加了著名的勒邦德海战。西班牙王国和威尼斯共和国组成的联合舰队，与奥斯曼帝国的海军展开了激战，双方投入了几百艘战船和几万名士兵，在勒邦德海域展开了大战。

勒邦德海域炮火连天，双方伤亡人数都没法计算了，塞万提斯也因受伤而发高烧说胡话。每当他在船舱里听到炮火后，都要神经质地跑出来，一副随时准备战斗的样子。

一天，交战的炮火又打响了，正在发着高烧的塞万提斯又跑了出来，他一看敌人的舰队已经对着自己的兄弟们开火了，他便跑到了舰长那里，主动要求去参加战斗。看着烧得满脸通红的塞万提斯，舰长命令道：

"塞万提斯，你现在需要的是休息，而不是战斗。"

"我不当怕死鬼躲在船舱里，我一定要战斗。"

看着态度坚决的塞万提斯，舰长只好给了他12名枪手，让他随时准备着向靠近他们的敌舰冲去。

塞万提斯和12名勇士睁大眼睛准备着，敌舰终于靠近了，说时迟，那时快，只见塞万提斯和12名勇士一个箭步飞了上去。

在和敌人面对面的斗争中，勇敢的塞万提斯胸部和左手都受了伤，可是他仍然不顾伤痛继续参加战斗，终于，联合舰队打败了奥斯曼帝国的舰队，等到战争胜利以后，塞万提斯胸前留下了伤痕，他的左手残废了。

1547年，28岁的塞万提斯请假回去探亲。在从意大利返回西班牙的途中，在乘船经过法国的马赛海岸时，突然遭到了海盗们的袭击，跟他一块同行的弟弟和他一起被俘虏了。因为当时塞万提斯怀里揣着一封西西里总督写给西班牙国王的信，于是海盗就认为他们是贵族，便强迫他给家人写信，要一大笔"赎金"。

在海盗的手里塞万提斯受尽了折磨。为了防止"有钱"的塞万提斯跑掉，海盗给他带上了脚镣和手铐。直到5年以后，塞万提斯的家人想方设法把赎金凑齐，才把塞万提斯从海盗的手里救了出来。

33岁的塞万提斯回到马德里以后，已不可能再实现做军官的梦想，于是他放弃了这一选择，决定找一份工作养活自己，可是这个时候塞万提斯左手伤残，没有一家公司肯雇用他。塞万提斯想起了父亲曾经借给他的书，于是他又萌发了写作的欲望。他捡起扔掉多年的笔写起田园小说来。没多久，他的第一部田园小说《伽拉苔亚》就出版了。

写作的收入远远不能养活塞万提斯。1587年，40岁的塞万提斯终于找到了一份工作，那就是在军队里当征粮员，可没想到又被人诬告进了监狱。1603年塞万提斯出狱，他打算写一个满怀理想的人，在这个世界上格格不入，从此做出许多荒唐可笑的事来。1605年1月，《堂·吉诃德》终于正式出版了，这部作品在整个西班牙引起了巨大的轰动，而塞万提斯的大名也随着《堂·吉诃德》传遍了世界各地。

作者以现实主义的创作方法，塑造了堂·吉诃德和桑丘两个不朽的典读书破万卷，下笔如有神。塞万提斯的成功与他从小广泛的阅读不无关系。虽然家里没有藏书，但他有一位好父亲，想方设法借书给儿子看，儿子的世界由此变得开阔，文学素养也在一天天加深。在培养孩子的问题上，没有条件要想方设法创造条件，这一点很值得为人父母者学习。

型。可以说，《堂·吉诃德》是西班牙古典文学的高峰，塞万提斯是欧洲近代现实主义小说的先驱者，对欧洲的现实主义文学有着深远的影响。

努力是成功之母。

——塞万提斯

培根:
父母送他去剑桥

    培根从小就养成爱学习的好习惯,在父母的严格教育下,他在家中完成了中小学教育。12岁时,他曾上过中学,可是只听了几节课,就觉得内容太简单了。于是,父母把他送进著名的剑桥大学。剑桥大学使他的口才和胆量得到了很大锻炼,为他以后的政治生涯铺平了道路。

培根(1561~1626)，英国人，著名哲学家、教育家、思想家。他主张科学思想与科学实践相结合，马克思称他是"英国唯物主义和整个现代实验学的真正始祖"。他的名言"知识就是力量"，鼓舞着全世界的年轻人。

弗兰西斯·培根出生在官宦人家，父亲是伊丽莎白女王的掌玺大臣，母亲博学多才，热衷于文学研究。培根幼年时聪明伶俐，深受父母宠爱。

5岁时，父亲带他到王宫见见世面。第一次见到女王，父亲还担心他露怯。女王问小培根："小朋友，你几岁了？""我是在女王幸福的朝代出生的，年龄比您的王朝还小两岁。"他不慌不忙地回答。女王看他小小年纪就这样懂事，高兴地说："你真是我可爱的小掌玺大臣。"

培根从小就养成了爱学习的好习惯，在父母的严格教育下，他在家中完成了中小学教育。12岁时，他曾上过中学，可是只听了几节课，就觉得内容太简单了。于是，父母把他送进著名的剑桥大学。受过神学和语言教育的培根便破格招入剑桥大学三一学院学习，这所学院是专门培养未来国家官员的学院。在这里培根系统地学习了哲学、文法、修辞、逻辑等课程。在学习中培根是一个比较有独立见解的人，哪怕是看了亚里士多德的哲学书，他也会提出自己的见解来，这样年轻的人竟然有如此的胆识，真是让人们佩服。

剑桥大学很注重学生辩论才能的训练。许多同学缺乏胆量不敢登台，而年纪最小的培根，特别喜欢这种具有挑战性的课程。当然他是有备而来，他总是提前几天就开始收集资料，上台后即兴发挥。只要他一上台，总会引来许多师生观看，别看他个子矮小，嗓音还带着童稚，可是他的辩论逻辑性强，事实充分，从不强词夺理。同学们都很佩服他，他的口才和胆量也得到很大锻炼。

离开剑桥大学以后，他进入了葛莱律师学会，以高级生的身份研究法律。15岁那年他来到法国，在英国驻法国使馆当了一名随员。在这里培根了解到了许多欧洲大陆的政治状况，经常参加有各种人物参加的"沙龙"，讨论学问。从此，培根的眼界更开阔了，他对自己从政充满了信心。

1579年，家里传来了父亲去世的消息，在法国的培根赶紧回国去奔丧，那年他只有18岁。父亲死后，他只分到了微薄的家产，而且父亲的去世使他和宫廷的关系疏远了，为了使生活首先稳定下来，他只好出去谋求职位。

1582年，他考取了律师，后来又当选为国会议员。

由于在剑桥大学的学习和锻炼，培根的演讲口才非常了得，不管是在法庭上，还是在国会上，只要他登台发言，便会吸引很多听众，他的精辟的话都很快变成名言了。他自己也时不时地感慨，要是当年父母不送他去剑桥读书，他是不可能有今天的成功的。

这个时候律师和议员的职务已经不能让培根满足了，他想得到更高的官职，为此，他给许多身居高位的官员写信，向他们求职。他还向女王信任的大臣艾塞克斯伯爵求助，伯爵很欣赏他的才能，于是便向女王推荐了培根。1593年，首席检察长的职位空缺，培根知道后，马上给女王写信，没想到女王却以他还年轻、没有从政经验而拒绝了他，但为了给他这位前掌玺大臣儿子一点面子，女王任命他为自己的法律顾问。

1607年，他被任命为副检察长，6年后又成为检察长，接着，他终于当上了他父亲生前担任的掌玺大臣。这时候培根已经有了很大的权力了，一年以后，他又获得了被人们认为是官场阶梯的最高职务——大法官。接着他又被授予了男爵、子爵等爵位。正当他仕途达到巅峰的时候，却有人指控他贪污受贿，结果他被免除了一切职务，从此培根便脱离了政界，专心从事学术著述。1624年，培根写下了《论说随笔文集》，这是一部富有科学精神人生哲理的经典之作，它收入了58篇随笔，从各个角度论述了人生的问题。培根不仅倡导科学，而且还亲身从事具体的科学实验，1626年他因为在雪地里做冷冻试验而受寒最后死去。

> 知识是一种快乐；而好奇则是知识的萌芽。
>
> ——培根

成长启迪：

培根自幼聪明好学，由于中学教育对他来说过于简单，不能满足他的求知欲望，父母便因材施教，将儿子送到剑桥大学深造。剑桥大学使他的口才和胆量都得到了很大的锻炼，对他的成才无疑起到了关键性的作用。试想，如果父母没有及时送他去读大学，让他按部就班读中学，培根的成长与成才很可能会受到不同程度的影响。因此，做父母的要尽可能满足孩子的求知欲望，为孩子的成才创造良好的条件。

牛顿：
姥姥坚信他是个聪明的孩子

在学校里牛顿的成绩并不是很好，经常受到老师和同学们的蔑视，因此他母亲几次劝他退学。幸亏姥姥坚信牛顿是一个头脑聪明的孩子，所以才使得牛顿没有失去学习的机会。这件事对牛顿的打击很大，于是他发愤学习，终于以优异成绩考上剑桥大学，并最终成为一名科学家。

牛顿(1642~1727)，英国科学家，他在物理学、数学和天文学方面取得了巨大成就，创建了经典力学体系，被誉为力学之父，为自然科学的发展写下了光辉的一页。

1642年12月25日是圣诞节。这一天，艾萨克·牛顿在英国乌尔索普一个农民家庭里诞生了。牛顿还没有出世时，父亲就去世了，家庭生活的艰难可想而知。3岁那年，由于生活所迫，母亲改嫁他人。于是，牛顿只好跟随着姥姥过日子。

6岁那年，牛顿进学校去读书。在学校里，牛顿的成绩并不是很好，经常受到老师和同学们的蔑视，因此他母亲几次劝他退学。幸亏姥姥坚信牛顿是一个头脑聪明的孩子，所以才使得牛顿没有失去学习的机会。

牛顿善于思考、醉心于发明，喜欢在家里摆弄机械、木头之类的玩意。同时他对自然界充满了兴趣。

姥姥养有一只小花狗，这只小花狗总是喜欢在牛顿放学回来的路上去迎接他。一天下午，小花狗见到牛顿以后，一会儿跑前一会儿跑后地到处乱转。小花狗的影子在太阳下晃来晃去，引起了牛顿的注意。他找来一根树枝插在山坡上，于是就守着这根树枝观察它在太阳照射下的影子，他发现小树枝的影子，随着太阳角度的变化而变化。

牛顿发现这一秘密后，回到家里，便用钢凿把一块石块凿圆，然后在它的正中央凿一个窟窿，再用一根削好的木棍插在窟窿里，接着在围着这块石头的边缘刻上了刻度。之后他抱着自己制造的日晷来到了家门口。正在树阴下坐着乘凉的姥姥问他手里抱着的是什么东西，牛顿说："这是用来测算时间的。"

说完，牛顿把这块石头放在了太阳底下，太阳照在日晷的木棍上投下了一道影子，而影子投向石板上的数字。太阳在移动，影子也在慢慢地移动，这样一来，就可以根据影子投向石板的数字来知道时间了。

由于牛顿的脑子里整天只装着这些问题，所以他的成绩很差，为此他常常遭到老师的惩罚。但每次惩罚完以后，尽管满腹委屈，但牛顿从不找人诉说，还是继续摆弄他的小发明。

有一次，他抱着他发明的小风车到学校里，拿给同学们看。同学们都很欣赏他的这一小小发明，可是有两个平时成绩很好的同学十分妒忌，于是讽刺他说："这个笨木匠，不好好读书，手艺倒是不错。"

"你们凭什么侮辱我？"

牛顿说完便向这两个同学冲去，一下子便把这两个同学打翻在地，结果牛顿受到了老师的严厉惩罚。老师劝其退学，他的母亲也怪他不争气，决定让他回家做一个农民。后来，还是姥姥的坚持，牛顿没有退学。

这件事对牛顿的打击很大，他决心要好好学习，为自己争一口气，否则，他在同学面前就抬不起头来，更无颜见自己的母亲、自己的姥姥。果然，没过多久，他的成绩直线上升。等到学期结束以后，老师和同学们不得不对他刮目相看了。

17岁那年，牛顿终于以优异的成绩考上了剑桥大学。牛顿的姥姥高兴得合不拢嘴，她好不得意，要不是当初她坚持让牛顿继续读书，牛顿能上剑桥大学吗？然而，家里没有钱供牛顿读书，牛顿东凑西借仍然凑不齐学费，没办法，他只好向一个贵族乞求资助。那个贵族虽然答应给他资助，可条件是牛顿必须在大学第一年里去他们家做男仆，这个条件有点屈辱，但因为太过贫穷，牛顿还是答应了。

在大学的几年里，牛顿一面如饥似渴地认真读书，一面苦苦地钻研数学问题。他通过艰苦的运算、思索和实验，发明了微积分，这一发现震撼了科学界。毕业后，牛顿还发现了万有引力定律和力学定律。

他的这些发现为人类生活带来了一场翻天覆地的变革，因而，他被认为是人类有史以来最伟大的科学家。

1665年，牛顿回到故乡后，将在剑桥大学里学过的内容作了系统的整理和细致思考，认真领会了以前各位科学巨人的研究方法。他提出，第一步，要从事实出发，以观察和实验为依据，提出概念和概念之间的依从关系；第二步，要找到推理方法，主要是数学工具；第三步，把推导结果与实事进行印证。依此方法，牛顿很快就推导出了二项式定理，制定出微积分，反映瞬时变量关系；他又用三棱镜把白光分解成七色光，并确定每种颜色光的折射率。他还继承笛卡尔的理论，把地上的力学应用于天体现象来探索行星椭圆轨道问题，试图把苹果落地与月亮绕地球公转联系起来。

1687年7月，《自然哲学的数学原理》这部划时代的著作问世，它以牛顿三大运动定律和万有引力定律为基础，建立了完美的力学理论体系，说明了当时人们所能理解的一切力学现象，解决了行星运动、落体运动、振子运动、微粒运动、声音和波、潮涨潮落以及地球的扁圆形状等各种各样的问题，为唯物主义哲学、进步的文学艺术的健康发展提供了坚实的基础。

一旦目标确定，就不应再动摇为之奋斗的决心。

——牛顿

从小顽皮好动，甚至一时成绩不好，并不代表这孩子就不聪明，老师和父母更不能简单地过早地给孩子判"死刑"。牛顿由于成绩不好而受到老师和同学的蔑视，甚至被劝退学，牛顿的母亲也怪儿子不争气，决定让他回家当农民，可是牛顿的姥姥却坚持认为牛顿这孩子并不笨，并坚决反对让牛顿退学。后来，牛顿发奋苦读竟以优异的成绩考上了剑桥大学。试想，如果牛顿当年退了学，那么还有后来的牛顿以及万有引力定律吗？

第六周

富兰克林:
父亲的藏书开启了他的知识大门

　　在他家阁楼上有几个大箱子，在箱子里父亲放着许多珍贵的书，这个小阁楼除了父亲能进外，家里所有的孩子都不能进去。有一天，富兰克林趁爸爸出去的时候，悄悄地跑到阁楼上去了，他费了九牛二虎之力把箱子打开，看到了一大堆书，他高兴坏了。从此，科学的大门便慢慢地向他打开了。

富兰克林(1706~1790)，美国历史上第一位享有国际声誉的科学家和发明家。他出生在北美波士顿的牛乳街的一个小手工作坊主的家中，是父亲的第十七个孩子。父亲约赛亚是英国圣公会的教徒。后来为了逃避宗教的迫害，来到北美的波士顿的牛乳街办起了一个制造蜡烛和肥皂的小作坊。

富兰克林的父亲虽然是一个小作坊主，但是他是一个受过教育的人，所以从富兰克林懂事的时候起，他便教富兰克林认字了。富兰克林是一个好学习的孩子，每天他都要认识十来个字才肯休息。5岁的时候富兰克林就开始偷偷地躲着家人看书了。

在他家阁楼上有几个大箱子，在箱子里父亲放着许多珍贵的书，这个小阁楼除了父亲能进外，家里所有的孩子都不能进去。有一天，富兰克林趁爸爸出去的时候，悄悄地跑到阁楼上去了，他费了九牛二虎之力把箱子打开，看到了一大堆书，他高兴坏了。于是他随手拿起一本书看了起来，一直看到天黑都不知道下楼去吃饭，家里人还以为他丢了，到处找他。

父亲看他那么喜欢书，很想送他到学校学习，但是家境又不允许，最终把他送到了印刷厂去工作，因为在那里他可以看到更多的新书，就这样年仅12岁的富兰克林便进了他哥哥詹姆士开办的小印刷厂去当了一名小学徒。

他年纪虽小，但在印刷厂里却很快就掌握了排字、校对、印刷、装订等技术。同时他还主动和书店里的小学徒们接触，这样一来，他能够看到的书就更多了。他常常从书店的小学徒的手中借书出来，借着夜晚的时间把书看完，等到上班的时候又把借来的书还给书店。

经常来他们印刷厂印书的书商亚当斯看到富兰克林如此爱书，于是便让富兰克林到他的藏书室里去找书看。每天下班以后，富兰克林便匆匆地来到亚当斯家里借书，然后再匆匆地赶回家去，一边啃着面包，一边看，这种如饥似渴的情形与当年在阁楼上偷看父亲的藏书如出一辙。在这段时间富兰克林得到了丰富的知识。

1721年，印刷厂办了一张《新英格兰报》，这个报纸由富兰克林来排字、校对、印刷、装订，而哥哥詹姆士则担任主编。同时富兰克林还化名为"赛伦思·杜古德"女士经常向这家报纸投稿。哥哥詹姆士觉得"这位女士"太有才华了，便写信给这位"赛伦思·杜古德"女士，约她下个星期三到印刷厂附近的公园见面。三天以后，信被打了回来，因为地址和人名都是富兰克林编造的。

16岁的那一年，富兰克林离开了家到费城去工作，很快在费城便成为了有名的印刷工人。1731年，他开办了自己的印刷厂，这时他已经拥有了许多藏书，他利用印刷厂的有利条件创建了一个图书馆，每一个前来借书的人，只需很少的钱，就可以在图书馆借阅书籍，这是美洲第一个公共图书馆。

1748年，富兰克林放弃了自己从事了三十多年的印刷工作，去进行科学研究。1745年，荷兰人发明了一种"莱顿瓶"，这种"莱顿瓶"能容电、放电，大大促进了电学实验。放弃印刷工作的富兰克林，准备自制一个"莱顿瓶"，在仿制和实验过程中，他发现电可以从一个物体传到另一个物体上。后来经过反复的实验，他终于大胆地提出了用正电和负电来说明两种电荷的性质。在一次实验中他还发现了带有正电和负电的两物体的尖端在接触的刹那间会发出耀眼的火花。

富兰克林根据这一现象，便在一天下雨的时候，和他的宝贝儿子用风筝做了一个实验。当天上乌云弥漫的时候，他便将儿子平时喜欢放的风筝找了出来，然后在放风筝用的麻绳的末端挂上了一根丝带和一把钥匙。他和儿子跑向了一片开阔地，在黑压压的乌云底下，他们把风筝放向了天空。

突然，一道闪电划破天空，富兰克林发现，一朵蓝色的火花从他的手指和钥匙之间一闪而过。"唉哟"，富兰克林大声叫喊，"是电，我抓到天上的电了！赶快拿'莱顿瓶'"。

儿子把没有电的"莱顿瓶"递给了富兰克林。富兰克林把"莱顿瓶"放在了钥匙上，这时一阵雷鸣电闪，"莱顿瓶"里有电了。后来，富兰克林根据这一实验，发明了避雷针。

富兰克林曾是美洲哲学学会的中心人物，一生四次担任英国皇家学会理事会理事，曾获得哈佛大学和耶鲁大学的荣誉硕士学位，以及英国的爱丁堡大学、圣安德鲁大学和牛津大学的博士学位。他一生勇于做实际的实验，把科学研究与实际生活结合起来，即使在晚年，他还致力于研究改进航海技术，研究水声学，并写下了论北极光性质的文章。他的科学发明和发现为人类作出了宝贵贡献，在当时大大促进了北美各殖民地科学文化的发展。

成长启迪：

良好的家庭教育环境对一个孩子的成长至关重要。如果富兰克林从小家里没书看，如果他的父亲不送儿子到印刷厂去读更多的书，富兰克林也不可能懂得那么多科学知识，更不可能有后来避雷针的问世。

富兰克林在科学研究的同时，也热衷于社会政治活动。作为美国资产阶级民主主义者，参加起草独立宣言，参加美国宪法的制订，对美国独立战争作出了卓越的贡献。

空无一物的袋子是难以站得笔直的。

——富兰克林

华盛顿：
哥哥的经历激发了他的军事潜能

　　哥哥比他大14岁，曾参加过抗英斗争。哥哥的经历给了他很重要的影响，使他几乎把所有的兴趣都转到了军事方面。在学校里，他把同学们组织起来当战士，在一起玩阅兵、正步走，或者是模拟打仗。这一切，为他以后的军事生涯作了较好的铺垫。

华盛顿(1732~1799)，美利坚合众国的奠基者，第一任总统。被人们称为"战争中第一人，和平中第一人，同胞心目中第一人"。为了纪念这位伟人，美国首都就以他的名字命名。

华盛顿的故乡是弗吉尼亚州，父亲是个庄园主。在他6岁的时候，有一天，他到庄园里去玩。他发现树下有一把小斧头，便拿起小斧头学着工人的样子，向一棵小树砍去。只听咔嚓一声，小树应声而倒。

"哈，原来用斧头并不难！"华盛顿有些得意洋洋。"糟啦，那可是你父亲最珍爱的樱桃树呀，你把它砍断了，你父亲一定会生气的。"一个工人对华盛顿说。傍晚，父亲回到庄园，发现心爱的樱桃树被砍断了，他生气地问工人："是谁把樱桃树砍断的？"工人们默不作声，华盛顿站出来说："爸爸，树是我砍的，我不知那是棵樱桃树。我错了。"父亲看了看华盛顿说："做错了事，应该怎么办？"华盛顿回答道："我愿意接受惩罚。"父亲轻轻搂住儿子的肩膀，欣喜地说："孩子，你敢于承认错误，你的诚实比一千棵樱桃树还珍贵，我希望你永远这样！"

虽然这个故事已被历史学家考证，是美国书商早年间杜撰的，但是这个故事仍然发人深思。

华盛顿就读的是一所"牧区学校"，所受的教育只是简单的阅读写作。学识渊博而且道德修养高的父亲给了他良好的熏陶。哥哥比他大14岁，曾参加过抗英斗争。哥哥的经历给了他很重要的影响，使他几乎把所有的兴趣都转到了军事方面。在学校里，他把同学们组织起来当战士，在一起玩阅兵、正步走，或者是模拟打仗。这一切，为他以后的军事生涯作了较好的铺垫。华盛顿的自立性很强，他坚持参加跑步、跳跃、双杠、掷球等体育活动来锻炼自己。他长得高大强壮，在身体的灵活性和体力方面均超过了同他一起玩耍的小伙伴。他的公正和诚实受到了同学们的欣赏和赞扬，经常被推选为学校的"仲裁者"，在幼年时期就表现出了一个领导者的才能。

父亲去世后，母亲就管理起了这个大家。母亲非常注重传统，每天晚上都让孩子们围坐在身边，给他们念一些优秀的作品，如道德、宗教方面的书籍。书中所包含的自立、向上的精神，深深印在华盛顿的脑海里，对他的性格形成产生了重要的作用。

英国取得北美的霸权后，加剧殖民掠夺，把北美作为原料产地和商品销售市场，加强税收，控制贸易，搞得民怨沸腾，不断爆发反英浪潮。1775年，北美独立战争爆发，华盛顿任十三州大陆军总司令。他提出统一全军建制，严明军纪，确保后勤保障，加强内部团结，调整军事部署等措施。经过整顿，大陆士气高涨，求战心切。华盛顿抓住有利时机，发动了收复波士顿的战斗。这次战斗历时9个月，大陆军取得了胜利。1776年7月4日，由杰斐逊起草的《独立宣言》问世，它向全世界宣告：美利坚合众国诞生了；这极大地鼓舞了全军将士的士气，部队又接连取得胜利。1781年，华盛顿与英军将领康华里在约克镇展开决定性的关键战役。9月27日，华盛顿发出向约克镇进军的总命令。10月17日，约克镇8000名英军在走投无路的情况下，无条件投降。

1783年9月3日，美英在巴黎签订和约，英国正式承认美国独立。经过8年艰苦卓绝的奋斗，美国人民终于赢来了划时代的伟大胜利。

1787年，华盛顿主持费城会议，制定《美利坚合众国宪法》，确立了立法、行政和司法三权分立的共和政体。1789年他当选为总统，并连任两届。在他的任期内，华盛顿政府颁布司法条例，成立联邦最高法院，大力发展工商业，加强外贸往来，逐步废除农奴制。由于这些政策的贯彻执行，美国克服了建国初期面临的各种困难，走上健康发展的道路。华盛顿被美国人民尊称为"国父"。

> 我希望我将具有足够的坚定性美德，借以保持所有称号中，我认为最值得羡慕的称号：一个诚实的人。
>
> ——华盛顿

成长启迪：

每个人的成长过程中都有自己所崇拜的偶像，华盛顿心中的偶像就是他的哥哥，受哥哥的影响，华盛顿几乎将所有的兴趣都转到军事方面。榜样的力量是无穷的，正是在这种力量的推动下，华盛顿才一步步走向了成功。

雨果：
母亲的一句话让他刻骨铭心

雨果一生都很感激母亲，因为是她引导自己进入文学的殿堂，是她教给了他做人的道理。有一次，年轻的雨果希望得到一套时髦的衣服，母亲却教导他："一个人的价值在于他的才学，而不在于他的衣着！"这句话一直铭刻在他心中。

雨果(1802~1885)，法国浪漫主义文学运动的领袖，法国文学史上最伟大的作家之一，被称为法兰西的莎士比亚。代表作有《巴黎圣母院》、《悲惨世界》、《九三年》等。

雨果出生在法国东部的贝桑松市，他的父亲参加过法国资产阶级革命，由于作战勇敢，得到拿破仑赏识，几年内由一个上尉擢升为将军。他的母亲是个船主的女儿，拥护波旁王朝。父母在政治观点上的对立，以及由此而引发的争吵，对雨果思想有很大影响。童年的雨果受母亲影响很大，同情保王党，对革命充满了敌视情绪。

雨果童年的大部分时间都是在意大利和西班牙度过的。1812年，10岁的雨果跟随母亲回国，在巴黎上学。他很有文学才华，少年时就开始写诗。14岁时写出诗体悲剧《伊塔梅恩》。第二年，法兰西学士院出诗题进行征文比赛，他以《读书之益》一诗获奖，被誉为"卓越的神童"。17岁那年，雨果同两个哥哥合办刊物《文学保守者》，开始创作小说，写了中篇小说《冰岛魔王》。20岁时，他把少年时代的诗歌以《颂歌和杂诗》为名出版，受到国王路易十八的称赞，每年赏给1000法郎的年金。

雨果一生都很感激母亲，因为是她引导自己进入文学的殿堂，是她教给了他做人的道理。有一次，年轻的雨果希望得到一套时髦的衣服，母亲却教导他："一个人的价值在于他的才学，而不在于他的衣着！"这句话一直铭刻在他心中。

1821年，他的母亲患肺炎去世。第二年，哥哥欧习纳患了疯癫病，这时，穷困潦倒已同母亲分居的父亲回来照料患病的儿子。雨果在和父亲朝夕相处中对这位老将军有了了解，他开始改变以往的偏见，写了《献给我的父亲》一诗。

1826年，雨果思想的变化在创作中体现出来，他和大仲马、缪塞等作家组织"第二文社"，反对为复辟王朝效劳的古典主义。他的《短歌与民谣集》、《东方集》和小说《死囚末日记》揭露了封建专制统治的黑暗。

接着他发表剧本《克伦威尔》、长篇小说《巴黎圣母院》等。现代大作家高尔基说："他像暴风一样在世界上轰鸣，唤醒人心灵中一切美好的事物。"

1851年拿破仑三世发动军事政变，实行军事独裁，雨果坚定地站在共和派一边参加反政变的斗争。拿破仑三世对他恨之入骨，下令悬赏通缉。他每天更换住处以逃避暗探的追捕，最后化装逃出巴黎，开始了19年的流亡生活。流亡期间，他拒绝了一次又一次的收买，也拒绝了拿破仑三世的"大赦"。在艰难的岁月中，他写了政论《小拿破仑》，诗集《惩罚集》、《历代传说集》，长篇小说《悲惨世界》、《海上劳工》、《笑面人》，它们如同一把把匕首，揭露专制统治的虚伪与罪恶。在诗歌《最后的话》中，雨果表达了自己的斗争决心："如果只剩下一千个人，我定是其中之一；万一只剩下一百个人，我还是不放下武器；如果只剩下十个人，我就是那第十名；如果只剩下一个，我就是那最后的一人！"

1870年普法战争爆发后，雨果怀着激愤的心情回到巴黎，投入保卫祖国的斗争。他以68岁的高龄报名参加国民自卫军。他捐出稿费，铸造了两门大炮，一门命名为"维克多·雨果炮"，送往前线打击侵略者。这一举动，给法国军队极大的鼓舞。但最伟大的还是雨果的作品，它们充满了良心，充满了伟大的人道主义精神。

雨果是法国文学史上最具才华的作家之一，文学生涯达60年之久，他牢记母亲的教导："一个人的价值在于他的才学，而不在于他的衣着！"所以，不管物质生活多么艰苦，他都没有放弃文学创作。他的笔触涉及诗歌、小说、戏剧、文艺理论等多个领域，反映了19世纪法国的重大历史进程和文学的发展情况，其作品《巴黎圣母院》表现了反封建、反教会的主题，书中美与丑、善与恶的鲜明对照，是浪漫主义对照原则的艺术范本。

除《巴黎圣母院》外，《悲惨世界》也是雨果最著名的小说，这部小说提出了三个迫切的问题："贫穷使男子潦倒，饥饿使妇女堕落，黑暗使儿童羸弱。"围绕这些问题，作者描绘了广阔的社会生活，反映被压迫阶级所遭受的痛苦和凌辱、资产阶级的日常生活、拿破仑的战争和人民群众的起义，构成了一幅鲜活的社会生活画面，社会成为不幸者的"悲惨世界"。

1885年，雨果因身患重病而卧床不起了，成千上万的人们来到他的住所旁，静静地守着他，期望着他能战胜病魔。但是人们的愿望没有变成现实，5月22日，维克多·雨果在巴黎与世长辞。消息传出后，震动了整个法国以至全欧洲，人们怀着无限崇敬和悲痛的心情为这位伟人举行了隆重的国葬，雨果的灵柩在凯旋门下停放一昼夜，人们仍然围住不散，全巴黎的、以及从法国各地赶来的人超过百万，其中还有各国驻巴黎的代表，人们高唱《马赛曲》，护送雨果的灵柩到墓地，他享受到了法国历史上有史以来的伟人们所得到的最高的礼遇。

书籍是造就灵魂的工具。

——雨果

肖邦：
母亲的歌声让他陶醉

　　肖邦还没有出生的时候，母亲经常一首歌接一首歌地唱给肚子里的肖邦听，她真希望肚子里的宝宝能听得懂她的歌声。等到小肖邦出世以后，母亲也经常给肖邦唱波兰民歌，虽然肖邦还是一个不停哇哇哭闹的婴儿，但是每当他听到母亲的歌声时，总是非常安静。肖邦正是在母亲的艺术熏陶下一步步走向成功的。

肖邦（1810~1849），伟大的作曲家、钢琴家，生于波兰。被誉为"浪漫主义的钢琴诗人"。

肖邦的父亲是伯爵庄园里的家庭教师。母亲特别爱唱歌，肖邦还没有出生的时候，母亲经常一首歌接一首歌地唱给肚子里的肖邦听，她真希望肚子里的宝宝能听得懂她的歌声。等到小肖邦出世以后，母亲也经常给肖邦唱波兰民歌，虽然肖邦还是一个不停哇哇哭闹的婴儿，但是每当他听到母亲的歌声时，总是非常安静。

肖邦4岁那一年，家里添置了一架钢琴，母亲常常带着小肖邦坐在钢琴边弹奏波兰民歌。

一天，肖邦自己爬到了钢琴上去寻找着妈妈平时给他弹奏的旋律，虽然旋律不连贯，有时也不是那么准确，但是这对于一个5岁的孩子来说，已经是很了不起的举动了。

母亲正在隔壁的房间里跟父亲商量给肖邦找一位钢琴老师的事情，当他们听到钢琴房里断断续续传来的琴声，他们惊呆了。

"莫非是肖邦在弹琴？"肖邦的父亲非常惊讶地问肖邦母亲。

母亲站在一旁仔细地听着，突然惊叫道："是的，是的，是《波卡丝》。"

他们急速地奔向了琴房，果不其然，肖邦蹲在凳子上在用小指头找琴键呢，就连父亲和母亲进来都没有听见，他弹得非常专心，母亲和父亲在一旁听着肖邦把曲子弹完。

"孩子，你真聪明。"父亲情不自禁地跑过去抱起了肖邦。

父母看到肖邦的音乐才华以后，毫不迟疑地给他请了个钢琴教师，对肖邦进行了正规而又严格的基本演奏法训练。

肖邦的钢琴老师不仅很会弹琴，而且教育学生也非常有经验，在课余时间里，他常常跟肖邦讲莫扎特、贝多芬等音乐家怎样刻苦成才的故事。

这样一来，使得本来就有音乐天赋的肖邦，在练琴上更是刻苦。不久，7岁的肖邦便学会了作曲，那一年他创作了《波罗乃兹舞曲》。

8岁那年，肖邦便能登台演出了。流水般的乐曲从一个8岁小孩的手指尖流淌出来，人们陶醉的同时惊讶不已，人们为这位天才欢呼起来。

但是肖邦并没有沉醉在人们给他的掌声里面，在父母和老师的教导下他更加努力地刻苦练钢琴。

有一年夏天，肖邦的父母带着他到乡村去度假，在那里他听到了好多好听的波兰民歌。

14岁那年，肖邦对波兰民歌已经达到了迷恋的状态，于是他利用暑假又到乡村去搜集民歌。他常常是太阳一出来，就爬到山坡上去听牧人们唱歌，然后又到田野里去听下地干活的农民们的歌声，夜晚他还跟着年轻的村民们围着火堆跳起欢快的民间舞蹈，把一首一首的波兰民歌都记录下来。

1829年，19岁的肖邦从音乐学院以优异的成绩毕业了。第二年在父母的鼓励下，刚从音乐学院毕业的肖邦决定到法国去寻找艺术前程。在这期间，他创作了大量充满着波兰民族色彩的作品。肖邦的艺术才华成了波兰人民的骄傲。

> 爱祖国高于一切。
>
> ——肖邦

南丁格尔：
父母给了她无私奉献的品德

南丁格尔出生在意大利佛罗伦萨一个旅意英国商人的家里，她的父母为人慈善，常常接济穷人。南丁格尔从小在他们的熏陶下，也产生了要为穷人、病人服务的思想。

南丁格尔（1820~1910），著名护理专家，英国人。近代护理学的创始人，为人类保健事业作出了重要贡献。以她的名字命名的南丁格尔奖是护理医学的最高荣誉奖项。

1820年5月12日，南丁格尔出生在意大利佛罗伦萨一个旅意英国商人的家里，她的父母为人慈善，常常接济穷人。南丁格尔从小在他们的熏陶下，也产生了要为穷人、病人服务的思想。1837年，17岁的南丁格尔突然对父母说："我要到医院里学习护理，以后当护士。"

当时护理工作还被人认为是个卑贱的职业，一个大家闺秀去当护士，这简直是不可容忍的事情。可是南丁格尔像是铁了心一样，坚持要学习护理。母亲见她有这么大的决心，只好送她去德国新教徒慈善机构办的一所医院里学习护理。

1853年克里米亚战争爆发了，那年33岁的南丁格尔已是一所医院的护士长。战争进行到第二年，英国对俄宣战。一天，南丁格尔看到一家报纸报道说："在前线英国军队不仅没有足够的医生、包扎员和护士，而且连做绷带的纱布也不够用。"看完报道后，南丁格尔的心中充满了痛苦和焦虑，一连好几天，她都在沉思，渐渐地萌发去前线护理伤员的想法。

她找到医院院长，提出由她带领一批护士到前线参加护理伤病员的工作。19世纪中期的欧洲，人们对妇女仍抱有偏见，妇女担任公职都会遭到忌妒和反对，更何况要上前线去，保守的院长说啥也不同意这件事。

南丁格尔的父母理解女儿的心，他们通过许多关系找到陆军大臣，为女儿说情，总算使南丁格尔如愿以偿。

1854年秋天，南丁格尔带着38名护士组成的医疗护理队来到了前线，野战医院里到处是伤兵，连走廊里也躺满了人，有的断了手，有的断了腿，还有的患痢疾，整个医院空气污浊、臭气熏天，手术室的窗户下堆着被截下的上、下肢，令人见了心寒。到了夜晚，病房里老鼠乱窜，臭虫、虱子成灾，简直是个活地狱。

目睹这恐怖惨烈的景象，南丁格尔更加坚定了拯救伤员的决心。一到医院，她便带领护士冒着随时被疾病传染的危险，没日没夜地投入抢救工作，清扫病房与走廊，拆洗床单和伤员的衣服，烹调食物，到了夜晚还要提着马灯巡视病房，为重伤员端屎倒尿，她们每天要工作20小时。在她们的努力下整个野战医院的面貌焕然一新，伤员的死亡率由原来的40%下降到2%。

南丁格尔不仅是一位热情认真的护士，而且还是一个懂得病人心理的护理专家。为了能让那些精神空虚的伤员安定情绪，不要酗酒闹事，她主动拿出钱来在医院附近创建了咖啡馆、阅览室，购买书籍、游戏器具和音乐唱片，让伤员们像在家里一样，身心愉快地养病、休息。

南丁格尔很快便成了病人们的知心人，有些病人还在家信中写道："南丁格尔小姐是个了不起的白衣天使，有她护理，简直就是上天的恩赐。"

南丁格尔的故事如神话般传开了，后来连反对她的英国绅士都不得不承认，她在护理行业上创造了奇迹。

1856年，克里米亚战争结束后，英国政府已经把她当做英雄了，英国政府为了欢迎这位英雄，特意为她组织了隆重的欢迎仪式。可是南丁格尔却化名成"史密斯小姐"，悄悄地回到了伦敦。

1860年她用公众捐助的南丁格尔基金在伦敦泰晤士河边的圣·托马斯医院创办了"南丁格尔护士学校"，这是世界上第一所正式的护士学校。从此，由南丁格尔开创的战地护理事业和护理学校在全世界得到推广。

为了护理事业，南丁格尔终身未嫁，她把毕生的精力都用在了护理事业上。南丁格尔逝世后，为了纪念她的业绩，人们在伦敦市中心为她竖立了一尊雕像，还把她的生日——5月12日定为"国际护士节"。

> **燃烧自己，照亮别人。**
>
> ——南丁格尔

小仲马：
对父亲的崇拜萌发了他写作剧本的念头

　　他和母亲到巴黎去看父亲的剧作《安东尼》的首场演出。巴黎的社会名流几乎都到了，除了宫廷贵族、政府官员，还有著名作家巴尔扎克等文学艺术界的人士。听到场内热烈的掌声，小仲马觉得父亲真是了不起。小仲马的心中萌发了将来也要写剧本的念头。

小仲马（1824~1895），法国人，著名文学家和剧作家。代表作有《茶花女》。

小仲马的父亲大仲马是位剧作家，他年轻时长得高大英俊，与美丽的邻居卡特琳娜相爱，没有结婚就生下了小仲马。不久，他的话剧演出获得成功，名声鹊起，就开始嫌弃他们母子。他把他们送到乡下，和别的女人住到了一起。

住在乡下的日子里，母亲没有放松对小仲马的教育，每天教他读书识字，给他讲故事。

聪明的小仲马很快就认识不少字，能自己看书了。可是他看到别的小朋友都有父亲，而他的父亲却不来看他们，就问母亲为什么。

母亲总是对他说，父亲是个天才的剧作家，他在忙着创作，他写的话剧精彩极了。在小仲马的记忆中，父亲的面容已经模糊，可是他仍然对父亲非常崇拜。

他盼望的一天终于来到了，他和母亲到巴黎去看父亲的剧作《安东尼》的首场演出。

巴黎的社会名流几乎都到了，除了宫廷贵族、政府官员，还有著名作家巴尔扎克等文学艺术界的人士。听到场内热烈的掌声，小仲马觉得父亲真是了不起。小仲马的心中萌发了将来也要写剧本的念头。

父母都想抚养小仲马，法院判决父亲对儿子有抚养权。想到就要和朝夕相处相依为命的母亲分手，泪水从小仲马的面颊滚滚留下，可是他没有办法留住善良的母亲。

父亲把7岁的小仲马送进寄宿学校，面对陌生的环境，他感到孤独无助。有的同学羞辱他、欺负他，忍无可忍的小仲马奋起反击。经过几次"流血战争"，再也没人敢欺负他了。

父亲觉得愧对小仲马，所以对他很宠爱。小仲马专心练习写剧本和诗歌，结果中学会考也没通过。

小仲马到十几岁时，已经长成一个英俊的小伙子，他爱上了一位美丽的女子，谈了一场轰轰烈烈的恋爱，可是那位女子红颜薄命，得肺病去世了。

姑娘的去世让他痛苦不已，他仅用了一个多月的时间，就用真挚动人的笔触写出了小说《茶花女》，后来改编成歌剧和话剧，获得巨大成功。就是在今天，世界各地的剧院里仍在上演。

> 人生的美好全看你戴什么眼镜去看。
>
> ——小仲马

贝尔：
爷爷的表扬激励了他的一生

　　除了课本上的单词外，贝尔还跟着爷爷学了一些新的单词，不一会儿贝尔便能把这些单词背了下来，看着有进步的贝尔，爷爷还表扬了他一番。"我的小孙子一点也不比别人笨，只要好好学习，我看就不会像那天那样变成一个小哑巴了。"在爷爷的启发和教育下，小贝尔开始勤奋地学习了。他的自信心也有所增强。这为他后来的科学研究提供了不少帮助。

贝尔（1847~1922），美国人，电话的发明者，他还赞助其他科学家进行科研活动，投资创办了世界著名的《科学》和《自然》杂志。

童年时代贝尔几乎是在任职聋哑学校校长的祖父身边度过的。

"爷爷，你在教他们什么呢？"

"我在教他们哑语，他们只要掌握这些哑语，即便他们不会说话，也能通过手势进行交流了。"

小贝尔在跟小伙伴们玩耍的时候也学着爷爷的样子用哑语说话，小伙伴们对这种交流方式非常感兴趣，于是大家也跟着他学。他们经常把这种交流方式作为一种游戏来做。

小贝尔该到上学的年龄了，他被送回城里。可是脑子灵活的小贝尔一点也不守纪律。有一次，他带着一只老鼠到学校，上课的时候，那只老鼠从书包里钻了出来，把女同学吓得哇哇大叫，而男同学呢，到处追那只逃窜的老鼠，老师简直没法上课。他常常因此被老师处罚。但是好动的贝尔却老是改不掉，这次是带老鼠来学校，下次是带小鸟来学校，再下次又带小狗来学校，他总是没完没了地变换着书包里的动物种类。

由于淘气，他的学习成绩很差。为了让贝尔的学习成绩有所提高，爸爸只好把贝尔又送到了爷爷那里。

有一天，爷爷召集了许多小孩子一起跟着贝尔到森林里去玩，来到大自然里的孩子们玩得非常高兴。

"孩子们，你们知道森林里有几种动物吗？"

"有狼。"

"有兔子。"

"有狐狸。"

"这些动物的单词怎么拼写呢？"

"狼是——W—O—L—F！"

"兔子是——R—A—B—B—I—T！"

"狐狸是——F—O—X！"

爷爷又指着树让孩子们回答。孩子们都争着回答树的名字和拼写单词，唯独小贝尔，什么单词也拼写不出来。这给贝尔的刺激很大。回到了家里，爷爷耐心地开导小贝尔。

"孩子，他们都跟你一起上学读书，别人都能拼写出单词来，你为什么拼写不出来呢？"

小贝尔低着头一言不发，他觉得在小伙伴面前失了体面。于是在爷爷的启发下，贝尔开始拿出课本跟着爷爷一起读单词。除了课本上的单词外，贝尔还跟着爷爷学了一些新的单词，不一会儿贝尔便能把这些单词背了下来，看着有进步的贝尔爷爷还表扬了他一番。

"我的小孙子一点也不比别人笨，只要好好学习，我看就不会像那天那样变成一个小哑巴了。"

在爷爷的启发和教育下，小贝尔开始勤奋地学习了。在爷爷那里生活一年以后，贝尔回到了爱丁堡。

在爱丁堡附近的一个村庄里，人们的生活大部分跟水磨分不开，稻谷去壳，玉米压成粉，麦子碾成面粉都需要水磨来完成。但每当到了水流量小的时候，这样的水磨就会失去作用了，这个时候，就只能靠人来推它，特别费劲，大半天也只能干一点活。

有一次好奇的贝尔亲自去体验了一下推磨的感觉，到了最后他把吃奶的力气都用上了，也没有干出多少活来。

回到家里，贝尔饭也顾不上吃就跑到父亲的书房里去翻书找资料，结果在父亲的帮助下，小贝尔终于拿出了一个构思巧妙的改造方案。

水磨工人按照小贝尔的这个方案改造了一下老水磨，结果水磨推动起来果然轻便多了。这件事，培养了他对科学的兴趣，他想起了爷爷曾经对他说过的话："我的小孙子一点也不比别人笨，"自信心更足了。他的学习成绩也变得十分优异。

25岁的那一年，贝尔便担任了美国波士顿大学的语音学教授。在一次试验中，贝尔偶尔发现了铁片在电磁铁前的振动，这种振动竟然能够通过导线传送出去，这一发现，让贝尔产生了极大期望。他想："如果我们在说话时对着导线的一边说，另一头是否能听得到这一头的声音呢？"

从此他开始动手做起这个试验来。两年中他和他的助手经过了数不清的努力，但结果都失败了。

有一天，他的助手在另一个房间，他在一个房间准备做对话实验。贝尔不小心，把桌子上的硫酸弄翻了，硫酸撒在了他的腿上，不仅烧坏了贝尔的裤子，同时也把他的大腿烧得火辣辣的。疼痛的贝尔止不住叫了起来："华特生，快过来，我遇到麻烦了！"

隔壁房间正拿着听筒和对话筒的华特生清楚地听了贝尔的喊叫，他也高兴地叫了起来："我听到了，贝尔先生。"就这样电话终于被贝尔发明了出来。

使我懂得人生的，并不是和人接触的结果，而是和书接触的结果。

——贝尔

莫泊桑:
母亲教他学写诗

　　在莫泊桑的文学创作道路上，母亲是他的第一位老师。莫泊桑的母亲是位文学爱好者，在儿子上小学不久，就教他写诗。母亲既是儿子诗作的读者，又是严格的老师。

莫泊桑（1850~1893），法国人，19世纪法国优秀的批判现实主义作家。一生创作了350多篇中短篇小说，被誉为"短篇小说之王"。

居伊·德·莫泊桑出生在一个没落贵族家庭，12岁时，母亲带着他和弟弟来到乡下居住。他们的乡间别墅坐落在风景优美的海边，周围是淳朴的渔家和农家。莫泊桑放学后，喜欢跑到附近的苹果园里游玩，去草原看猎人们打猎。有空就和当地的农民、渔夫、船夫、猎人们在一起聊天，帮他们干活，和他们的孩子一起玩耍。这些经历使莫泊桑从小就熟悉了农村生活，在日后许多小说中，都出现过其中的场景。

在莫泊桑的文学创作道路上，母亲是他的第一位老师。莫泊桑的母亲是位文学爱好者，在儿子上小学不久，就教他写诗。母亲既是儿子诗作的读者，又是严格的老师。

对莫泊桑帮助最大的是法国著名作家福楼拜。对文学艺术的共同追求，使他们情同父子。莫泊桑每到星期日就带着新习作，从巴黎奔波到里昂，聆听福楼拜对他上一周习作的点评。福楼拜对他的要求非常严格，首先要求他敏锐透彻地观察事物。

比如说，为了描写一堆烧的很旺的火，或者森林中的一棵树，作者需要站在这堆火或这棵树的面前，一直到发现它们跟别的火焰和树木有许多不一样。还有一次，福楼拜建议莫泊桑骑马出去跑一圈，一两个钟头之后回来，把自己所看到的一切记下来。莫泊桑按照这个办法锻炼自己的观察力有数年之久。

福楼拜鼓励莫泊桑要多写多练。莫泊桑送来请教的稿子，已经在书桌上摞起高高的一摞，福楼拜都没有说过赞许的话。过了好几年，莫泊桑送来了《羊脂球》。他肯定了学生的成功，对他表示热烈祝贺："像这样的再写它一打！"

福楼拜要求用字准确而精练。他经常对莫泊桑说："无论描写什么事物，要说明它，只用一个名词；要是运动，只用一个动词；要了解它的性质，只用一个形容词。我们要反复斟酌，得到最准确的名词、动词、形容词。不能逃避困难，用类似的词句敷衍了事。"

功夫不负有心人。后来莫泊桑可以抓住一物一事的特点，以最短的篇幅莫泊桑成功走上文学道路显然得益于他的恩师福楼拜的悉心指导。但是他的母亲却给了他最初的文学启蒙。在莫泊桑的文学道路上，母亲是他的第一位老师。所以说．孩子的家庭教育是不可忽视的。

和文字，精练地表达出来。他甚至能像老师要求的那样："只用一句话就让人知道，马车站上的一匹马，和它前后左右50匹马有什么不一样。"

《羊脂球》的出奇之处在于它选取了普法战争中法国沦陷区一群逃难者的经历为题材，通过一个妓女的遭遇，借助巧妙的对比，集中反映了法国不同阶级的人们对战争的态度，从一个侧面揭示了法国失败的原因。

小说使用了鲜明的对比手法，把一个身份低贱的妓女在国难当头、同胞遇险的关键时刻所表现出来的深明大义、无私无畏，同那一帮自命高洁的上流社会人置同胞性命于不顾、损人利己、苟且活命的丑恶行径并置在一起，不无愤怒地指出，正是这一帮民族的"精英人士"趁火打劫、中饱私囊或是空喊口号、临阵脱逃，才使法兰西在普法战争中一败涂地，从中显示出作家鲜明的爱憎立场。

关于普法战争的题材占据了莫泊桑小说的很重要的一部分，如《两个朋友》、《米隆老爹》、《菲菲小姐》等。除此之外，莫泊桑的小说还有两类重要题材，一类写资本主义社会中下层贫苦人民的苦难生活，如《瞎子》、《穷鬼》、《流浪汉》等；另一类是嘲讽和抨击资本主义社会世俗人情的，如《项链》、《遗嘱》、《我的叔叔于勒》等。

莫泊桑被誉为短篇小说的"圣手奇才"，他的小说选材布局匠心独运，有一种内在的锋芒，显示出作者对生活的独特领悟和洞察。同时他的小说结构精巧严谨、技巧娴熟、语言准确、简洁，有很高的艺术成就。

> 世上不知有多少人，因为疏懒而误了自己的人生。
>
> ——莫泊桑

凡·高:
儿时的记忆影响着他的创作

父亲埋头书写下个礼拜天的布道词，母亲在一旁描画着一束蓝色的风信子或者其他的花草。幼小的凡·高接受着宗教和艺术的熏陶，儿时温馨的记忆，一直影响着他的创作。

凡·高（1853~1890），荷兰人，后期印象派画家，著名绘画大师。他的"加歇医生画像"，曾创造世界艺术品拍卖的最高纪录——8250万美元。

文森特·凡·高出生在荷兰的一个美丽的乡村，父亲是一个善良温和的乡村牧师，母亲安娜性格活泼开朗，精力充沛，凡事都要亲力亲为。母亲热爱大自然，喜欢绘画，是一个掌握了相当高绘画技巧的业余画家。

在晴朗的夏日里，她带着小凡·高到美丽的田野写生，树木花草都是她的素材。在寒冷的冬夜，父亲埋头书写下个礼拜天的布道词，母亲在一旁描画着一束蓝色的风信子或者其他的花草。幼小的凡·高接受着宗教和艺术的熏陶，儿时温馨的记忆，一直影响着他的创作。

凡·高小时候常常去木工房，津津有味地看木工们干活。木工们外出干活，他就跟着一起去。慢慢地他自己也拿起锯子凿子，做一些小玩意儿，他那看似无心的小作品，却独具创意，令木工师傅们赞叹不已。

凡·高13岁时，父母为了让他接受更好的教育，把他送到一所远离家乡的公立学校学习。学校的费尔斯校长，特别注重同学们的艺术素质教育。每周开设了4节艺术课，聘请有很高绘画造诣的老师授课。学校还花了不少资金，购入绘画大师的名画复制品，让学生观赏临摹。已经有一定绘画基础的凡·高，在这里如鱼得水，他认真聆听着老师的教导，用心地完成写作。他最盼望在阳光明媚的日子，和同学们一起随老师来到绿莹莹的草地，百花盛开的花园，徜徉在郁金香花丛中，观赏着金光灿灿的向日葵，在大自然和熙的微风中，写生作画。

凡·高16岁时来到海牙森特伯父的高比尔画廊，做一名店员。这是一家在荷兰和欧洲都极负盛名的画廊，收藏非常丰富，有当时许多著名画家的真迹和复制品，这让凡·高大开眼界。更让他惊喜的是，莫里斯富皇家艺术陈列馆就在附近，这是最好的北欧艺术中心，他可以经常去欣赏浏览。

1881~1883年，凡·高在海牙师从风景画和动物画家安东·毛威。在这一时期，他画了第一批油画。凡·高创作的初期，即所谓的"荷兰"时期的重要作品是在一个叫奈宁的小地方完成的，在这些作品中已非常鲜明地表现出凡·高对表现情绪和感情的绘画手法的探索。画家从1883~1885年的两年时间里，收集过许多鸟窝，并画了各种鸟窝的静物写生。这不是那种别出心裁的装饰画，凡·高要表达的是当生命离开后死一般的空虚和"被抛弃"的那种抑郁心情。而《奈宁塔》（塔旁是农村坟地，简陋的歪七扭八的十字架及其周围的田野）对经常提示人们死亡的凡·高来说则具有象征性的含义。

凡·高画的那些农民肖像，特别是表现外省农民劳动的画，记述了画家在观察他们毫无乐趣的生活时感到的恐惧和痛苦。在凡·高的艺术中表现出深深的人道主义和他对农民诚挚的同情感。

著名油画《吃土豆的人》是一幅具有非凡表现力的优秀作品。它深刻地表现了人们内心的凄惨。画家在表现繁重劳动后的一家和餐桌上简单而贫乏的晚餐时，不怕突出他们笨拙的手和难看的脸。这是繁重的劳动和长久的饥饿在他们身上留下的痕迹。画家采用了特意强调和夸张的形式：微绿的昏暗色调，惨白的灯光，样子又蠢又难看的脸和身躯越发显得突出的强烈光点，盛土豆的盘子里散发出的热气，则强烈地反映出贫苦人民极差的居住生活环境。

1886年3月至1888年2月，凡·高在巴黎进行创作。这一时期，他了解了法国美术的发展情况，接触了杰出的画家高更·西涅克等，他还认真研究了卢浮宫里珍藏的名画。印象派的作品对凡·高产生了较大的影响。《餐厅内景》、《花瓶里的红色唐菖蒲》等作品就充分说明凡·高受到了新印象派的影响。

1888年2月，凡·高离开热闹的巴黎，来到法国南方小城阿尔。这里风景优美，他仿佛又看到了小时候母亲带他写生的场面。儿时的记忆一直在影响着他的创作。他在这里创作了一系列描绘阿尔及其郊外风光的优秀风景画。重要作品有《阿尔的收割》、《阿尔的吊桥》等。他画的肖像画有《邮递员鲁林》、《阿尔女郎》等。这一时期，画家转向画夜景和表现人为的光线。他用强烈的色调和粗重的笔锋创作了《向日葵》和《艺术家的卧室》等经典之作。

在与高更生活的两个月里，凡·高创作了两幅名画《拿烟袋的人》和《割掉耳朵的自画像》。

良好的家庭环境对孩子的成长成才有着很大的关系。凡·高自幼接受父母的艺术熏陶，儿时温馨的记忆一直影响着他的创作。虽说他一生穷苦潦倒，但是他的绘画艺术却是价值连城的。

凡·高晚期的作品有《普罗旺斯的大道》、《在阿尔卑斯山脚下》、《有柏树的黄色庄稼地》、《加歇医生像》等。这些作品充满了活力和过分的夸张，具有"冒火"般的风格。这种艺术手法给后来的西欧表现派产生了巨大的影响。

> 让我沿着我自己的道路奋斗吧，千万不要丧失勇气，不要松劲。
>
> ——凡·高

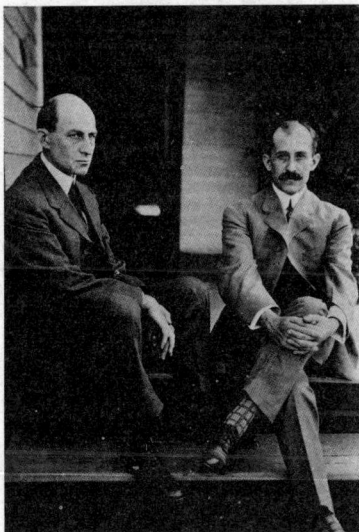

莱特兄弟:
妈妈的风筝给了他们想像的翅膀

母亲虽然是一个家庭主妇,但是特别注意对兄弟俩兴趣的培养。有一天,兄弟俩缠着妈妈给他们找翅膀,他们想像小鸟一样飞上天。于是妈妈就教他们做借助风力飞上天的风筝。风筝给了他们想像的翅膀,以至于在后来的工作过程中他们也没有忘记飞行的兴趣。

莱特兄弟是威尔伯·莱特（1867~1912）和奥威尔·莱特（1871~1948）兄弟两人，他们是美国人，航空先驱、飞机发明家。

1903年12月17日，在美国的北卡罗来纳州的基蒂霍克村海滩上，世界上第一架有动力引擎的飞机成功地飞上了天。它的发明者就是威尔伯·莱特和奥维尔·莱特兄弟。

莱特兄弟俩出生在美国俄亥俄州的一个牧师家里，威尔伯生于1867年，奥维尔生于1871年，父亲弥尔顿是当地一个非常有名气的牧师，母亲虽然是一个家庭主妇，但是特别注意对兄弟俩兴趣的培养。

有一天，兄弟俩缠着妈妈给他们找翅膀，他们想像小鸟一样飞上天。于是妈妈就教他们做借助风力飞上天的风筝。后来他们自己动手做了一个特别大的风筝，当他们跟着小伙伴们一块去田野上放的时候，小伙伴们都笑他们的风筝太大了，根本不会飞上天。

的确，他们的风筝经过半天的折腾才飞上了天，不过有了这一次的经验，莱特兄弟俩知道了太大太笨的风筝就得到风力大的地方去放，才能够放飞。后来兄弟俩回来以后，又反复琢磨，最后终于做出一个又轻便、又庞大的风筝，他们的这个风筝让朋友们羡慕不已。

另外，兄弟俩对爸爸怀里的一块表也非常感兴趣，他们常常把爸爸的表要过来，然后躲在家里的某一个地方对怀表进行解剖。

在一次次反复拆装的过程中，莱特兄弟弄清了怀表的构造，明白了是什么东西让它走动起来的。

开始弥尔顿还总担心宝贝儿子会把自己心爱的怀表弄坏，结果，儿子们不仅没有把怀表拆坏，还告诉了他许多表的原理。

弥尔顿先生知道这两个儿子非常喜欢机械，于是常在外出回来时，给他俩带玩具回家。玩具刚回家是好好的，但没多久，就被兄弟俩弄得面目全非了。但过了一两天玩具又恢复了原来的面目。

一次，弥尔顿给兄弟俩带来了一个会飞的螺旋桨，这个螺旋桨由一根橡皮筋带动，只要将这根橡皮筋绞紧，然后一松手，它就会向天空中飞去。威尔伯看着空中飞旋的螺旋桨，对弥尔顿先生说："爸爸，要是我们能做一个大的螺旋桨，我就可以坐在它的上面，飞上天去了。"

"不许胡说，只有神创造的安琪儿能飞上天。"

"难道我们不是神创造的吗？"

从此以后他对飞行这个问题更感兴趣了。

莱特兄弟俩中学毕业以后，由于家境的贫困，他们只好去做工挣钱。童年的风筝以及螺旋桨让他们念念不忘，以至于在工作过程中他们也没有忘记飞行的兴趣，他们常常在一些废旧的物品上安装上可能飞上天空的假想模型。

后来兄弟俩有了资金以后，便自己开了一个自行车行，开始用更多的时间和精力来研究飞行的问题，这时他们常常去购买大量的书籍，然后学习有关的飞行知识。

1896年，当时著名的德国滑翔飞行家李林达尔在一次滑翔飞行中不幸失事丧身。莱特兄弟知道后非常悲痛，当时就下定决心要把李林达尔的事业继续下去。

莱特兄弟自己办报，根据自己所学的科学知识，利用家里的一部老式手推车和其他一些边角废料制造出了一台印刷机器，既省力又省时，一些大印刷厂的老板见了之后都啧啧称赞。

为了支付制造"飞行器"的费用，他们办起了脚踏车修理店，努力对"脚踏车"进行改进。

他们知道，只有成功地克服地球引力和风的阻力，"飞行器"才能飞行，他们不断改进、设计、实验，把机翼的形状由平面改为曲面；增加了控制飞机上升或下降的升降舵和纠正飞机偏航的方向舵等，同时注意吸收前人的经验教训。

在1900～1902年间，兄弟俩先后制成了3架滑翔机，并进行了近千次的飞行试验。1903年，他们决心给飞机装上发动机，让它自己飞起来。于是第一架装有内燃发动机的飞机诞生了。

这次试飞，比以往任何一次都冒险，为此兄弟俩都争着去，相争不下，他们只好用投币的方式来决定谁第一个试飞。弟弟奥维尔荣幸地拿到了试飞权，于1903年12月17日驾驶着带有内燃发动机的飞机飞上了蓝天。它把人类的自由提升到了一个新的高度。他们的发明促进了人、语言、观念和价值之莱特兄弟的母亲虽说只是一位家庭主妇，但她却注重对孩子兴趣的培养。母亲教儿子制作风筝无疑给儿子一个科学的启蒙。现在的一些家长让孩子学这学那，却根本不考虑孩子的自身条件和兴趣爱好，这样的家庭教育不仅对孩子的成才没有帮助，而且还会毁了孩子。

间的交流，预示了全球化时代的到来，带来了国际商务的改革，打开了世界各国封锁的经济大门，促进了世界经济与社会的发展。

> 没有追求的人，必然是怠惰的。
>
> ——莱特兄弟

第八周

前苏联1987年发行的《居里夫人》纪念邮票

居里夫人：
父亲的一席话点亮了她的人生路

　　父亲安慰玛丽道："一个国家领土可以被侵略者夺走，民族的尊严也可以暂时遭到凌辱，但是你要记住，知识是永远无法从人们的头脑里夺走的！"父亲看到玛丽脸上有几分喜色后，又接着说："你看罗马用武力征服了希腊，但是希腊却用文化征服了罗马！"从此以后玛丽更加用功读书了，她发誓要用知识征服一切。

居里夫人（1867~1934），著名的物理学家和化学家。先后发现了"钋"和"镭"这两种放射性元素，两次获得诺贝尔奖。

居里夫人出生于波兰华沙，父亲是一所中学的数学和物理老师，母亲是一所女子学校的校长。

童年的玛丽（居里夫人）身体瘦弱，可是她记忆力超凡，5岁时，她的母亲就发现她有过目不忘的本领。

6岁的那一年，玛丽背起书包去上学读书。可是那个时候，她的祖国波兰已经被奥、俄等几个国家瓜分了，华沙当时被并入了俄国的领土。

在学校里，学生们只能学俄语，但是学校为了反抗俄国的统治，仍然偷偷地教学生们波兰语。

学校有一个俄国督学，常常耀武扬威地监视师生们的行动，学校为了防备督学的突然到来，于是在每一个教室里，都安装了一个秘密的电铃，只要一有情况，这个电铃就会非常小声地叫上两声。这个时候，学生和老师们就会把书藏起来，然后假装地拿起俄国督学规定的教材。

一天，督学又突然对学校进行检查，玛丽他们班上正好老师在教学生们学波兰语，大家听到警告的铃声后赶紧把书藏在了秘密的地方，然后桌子上又重新摆起了规定的教材，讲台上老师手里拿着一本俄文书，假装津津有味地念着。

不一会儿，一个剪着短发戴着一副金边眼镜的男人走了进来，他便是俄国督学。

督学进来以后，用怀疑的眼光扫了大家一眼后，气势汹汹地说道："给我叫一个学生起来，我要考一考，是不是真的在学俄国的东西。"

老师知道，这个督学又要难为学生了，于是她把班上记忆力最好的玛丽叫了起来。

"背诵你的祈祷文！"

玛丽用流利的俄语背诵了一遍，督学官没有办法了，于是又问玛丽道："我们的神圣的俄国皇帝是哪几位呀？"

"有凯瑟琳二世、保罗一世、亚历山大一世……"

督学官看玛丽用流利的俄语回答着他提出的问题，有些怀疑地问玛丽道："你是在俄国出生的？"

"不，我出生在波兰。"

"现在谁是你们波兰的领袖？"

玛丽此时只是咬着牙齿，她实在不愿意回答这个问题，老师和校长也十分无奈地互相交换了一下眼神。

督学看了一眼校长，然后慢条斯理地问道："女士，你难道不教学生们这最神圣的名字吗？"

玛丽看着同学和老师惊恐的神态，她愤怒地回答道："是统治俄国领土的亚历山大二世陛下。"

"下次回答问题不允许故意拖延时间。"说完，督学官趾高气扬地跨出了教室。

但这个问题深深地刺痛了玛丽幼小的心灵，等督学官刚一走，玛丽便跑向讲台抱着老师痛哭起来，同学们也在下面默默地擦拭着眼泪。

回到家里知道这件事的父亲安慰玛丽道："一个国家领土可以被侵略者夺走，民族的尊严也可以暂时遭到凌辱，但是你要记住，知识是永远无法从人们的头脑里夺走的！"

父亲看到玛丽脸上有几分喜色后，又接着说："你看罗马用武力征服了希腊，但是希腊却用文化征服了罗马！"

从此以后玛丽更加用功读书了。1883年6月，玛丽以获得金质奖章的优异成绩从中学毕业了。

但因母亲在重病中死去，家里生活艰难，玛丽不能去上大学，只好去给别人当家庭教师。

4年以后，她的姐姐布罗妮雅去巴黎留学，而她自己却前往华沙城外偏僻的农村教书。

1890年，也就是玛丽从中学毕业后的第八年，布罗妮雅从巴黎写来一封信，让她也去巴黎读书。

玛丽告别了华沙，到巴黎的索鲁本大学读书。刚到巴黎的玛丽和姐姐、姐夫住在一起，但是从姐姐家到索鲁本大学太远了，于是玛丽只好搬到离学校稍微近一点的学校去住。

大学的学习十分紧张，由于生活拮据，她常常处在半饥半饿的状态下。玛丽的节衣缩食终于使她得了贫血病，她常常在读书的时候晕过去。

在寒冷的冬天，由于经济紧张，玛丽也只能盖着一条薄被。有时为了能使自己更暖和一些，就把椅子压在被子上。

尽管生活如此艰苦，但她仍然没有倒下。她想起了父亲曾经说过的话，她要用知识去征服一切。正是凭着一股强烈的信念，她先后以优异的成绩获得了硕士和博士学位。

1894年，她一方面在索鲁本大学攻读数学，另一方面又接受了恩师立蒲曼教授介绍的"法国工业振兴协会"所委托的正式研究工作，这是一项关于"钢铁磁性研究"的科研课题。在这项研究中她认识了法国青年物理学家比埃尔·居里，于1895年7月同他结了婚。玛丽于是变成了比埃尔·居里夫人了。

居里夫妇经过艰苦的研究和实验，先后发现了"钋"和"镭"这两种天然放射性元素。他们的发现使物理学由宏观世界进入了微观世界，打破了人们的传统观念，代之而起的是"原子可分，物质可分"的理论，从而将世界推向了另一个时代——原子时代。因此，他们俩获得了1903年的诺贝尔物理学奖。

正当夫妻俩的事业兴旺发达的时候，1906年4月19日，比埃尔·居里被飞驰的马车夺去了年轻的生命。

意志坚强的居里夫人没有被失去丈夫的厄运所吓倒，她仍然顽强地继续研究放射性元素"镭"。

1911年，居里夫人完成了镭的单独分离，瑞典皇家科学院再次向她颁发了诺贝尔化学奖。

由于居里夫人的发现，大大缩短了人类通往核时代的日程。人类利用核燃料体积小、能量大的优势，获得了巨大的经济利益。现在，世界上共有核电站400多座。

居里夫人发现了镭的各种物理化学性质，而且研制成功了提取镭盐的科学方法，使镭在医学上得到了广泛的应用，拯救了许多早、中期癌症病人的生命，人们将这种新技术命名为"居里疗法"。

1914年8月，第一次世界大战爆发。为了战地的需要，居里夫人把精力居里夫人尽管天资聪颖，学业优异，但是国土破碎仍然让她的心灵遭受巨大的创伤。是父亲的一席话让她找到了学习的动力，明确了奋斗的目标。所以在以后的生活和事业道路上，尽管历经艰难困苦，但是居里夫人还是凭着不屈的信念走向了成功。

集中用于X射线的研究，自己带病、挨饿在前线来回奔跑，想方设法解决X光的设备和指导X光照相工作。

战争期间，因居里夫人创设并指挥的X光设备而获救的伤病员达百万名以上。

不论对任何困难，都决不屈服。

——居里夫人

罗素：
祖母的达观智慧影响了他的一生

　　罗素的祖母是个非常坚强而乐观的人，她有坚定的宗教信仰和道德观念，她经常教育兄弟俩，凡事要有自己的独立见解，不要随波逐流，更不能追随别人去干坏事。罗素一生都遵循这条准则。祖母的达观和智慧，对罗素的思想形成了决定性的作用。

罗素（1872~1971），英国人，哲学家、数学家、社会学家，20世纪最著名的学者之一，1950年获得诺贝尔文学奖。

伯特兰·罗素出生在英国一个贵族家庭，祖父是著名政治家，在维多利亚女王时代曾两次出任首相，他的父母都是思想激进的自由主义者，热心参与社会改革活动。

不幸的是，在罗素3岁时，父母就相继去世了，年幼的罗素和哥哥只好来到祖父家中。祖父已经是80多岁的老人了，他对小哥俩非常疼爱，只要身体条件允许，就会给他们讲故事，讲他曾经辉煌的历史。可是没有几年，祖父也去世了。

罗素的祖母是个非常坚强而乐观的人，她有坚定的宗教信仰和道德观念，她经常教育兄弟俩，凡事要有自己的独立见解，不要随波逐流，更不能追随别人去干坏事。罗素一生都遵循这条准则。祖母的达观和智慧，对罗素的思想形成起了决定性的作用。

罗素的童年很孤寂，周围没有小伙伴和他一起玩，他经常独自徘徊在祖母家荒凉失修的大花园里。罗素的叔叔很关心当时科学的一些最新进展，经常把自己知道的一些科学知识讲给罗素听，面对喜欢刨根问底的小侄子，有些问题叔叔也无法解释清楚。但是由于叔叔的影响，罗素对科学产生了浓厚的兴趣。

罗素还有一个好去处，那就是祖父的书房。祖父的藏书非常丰富，他经常在书房里坐上一天，有时到了废寝忘食的地步。他读了大量的文学和历史著作，他后来写了不少历史著作，这和他深厚的历史知识分不开。他的散文清新流畅，引人入胜，也是少年时期阅读大量英国文学打下的基础。

罗素在11岁时，哥哥看他喜欢数学，就教给他自己刚学来的欧几里得几何学，这在罗素面前打开了一个新的世界，他被深深地吸引了。开始学习时，罗素认为定义没有问题，但是公理无法解释，他不愿意接受这些公理。可是哥哥说，要是不承认这些公理就无法往下进行。他想要知道后面的东西，只好勉强承认。可是对于数学前提的怀疑却决定了他后来的研究方向。从那时起，数学就成了他的主要爱好，也是他幸福的源泉。

罗素18岁时考入剑桥大学，专攻数学。他一生著书多达七八十种，论文几千篇，广泛涉猎哲学、数学、科学、政治、教育、历史等诸多方面，享有"百科全书式的思想家"称号。

> 奇妙的学习不但能使不愉快的事变得较少，而且也能使愉快的事变得更愉快。
>
> ——罗素

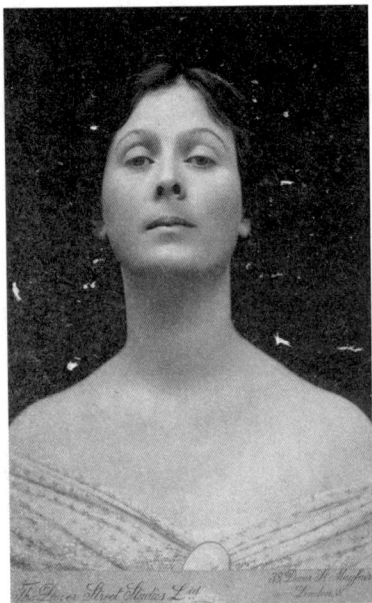

邓肯：
母亲的伴奏给了她舞蹈信心

上学一年，邓肯就想当老师了。一天，她召集邻近比她还要小的几个孩子来到家里，让她们围着她坐在地上，然后她起身向大家挥舞着手臂。她的举动被回来的母亲看见了，母亲问她在干什么，她回答说："我在办舞蹈学校。"母亲觉得很好玩，便坐在一边弹钢琴给她伴奏。后来，邓肯在这个学校还真有了一点名声，邻近的许多女孩子都来跟她学舞，有一些家长还给她送了一些钱来。这给她的舞蹈事业起到了不小的帮助。

邓肯（1878~1927），美国女舞蹈家，现代舞派的创始人。她自然的动作和自由的形式。强调了人体的解放，塑造了与传统舞蹈程式截然不同的典范。

邓肯出生在美国旧金山，她的父亲是一个诗人，她的母亲是一个音乐教师，说起来这个家庭应该是一个美满的家庭了。然而很不幸，邓肯还在母亲怀里的时候，母亲便和父亲离婚了，4个孩子全由母亲一个人抚养。全家人生活极为困难。为了养活一家人，母亲不得不整天为生活奔波，到有钱人家去当家庭教师。

母亲常常很晚才回家，根本就没有时间管理孩子。在邓肯5岁那一年，母亲为了减少对邓肯的管理便谎报了邓肯的年龄把她送到了学校。上学一年，邓肯就想当老师了。

一天，她召集邻近比她还要小的几个孩子来到家里，让她们围着她坐在地上，然后她起身向大家挥舞着手臂。她的举动被回来的母亲看见了，母亲问她在干什么，她回答说："我在办舞蹈学校。"母亲觉得很好玩，便坐在一边弹钢琴给她伴奏。

后来，邓肯在这个学校还真有了一点名声，邻近的许多女孩子都来跟她学舞，有一些家长还给她送了一些钱来。

邓肯不仅是一个有艺术天分的孩子，而且在生活中她还是一个很勇敢、很有主见的女孩。每当家里没有肉吃的时候，总是由她去游说屠夫，把肉赊给她。有一次母亲给一家商店织了几件绒线织品，等织完后店里不要了，妈妈急得哭了起来，这时邓肯提着篮子，把妈妈织的手套、帽子戴上，一家一家地去兜卖起来，结果没有多久便全部卖掉了。

10岁的那一年，邓肯在家里办的舞蹈学校的学生人数增加了，于是便和母亲商量：中断学业，在家里赚钱。母亲同意了。

于是邓肯把头发盘在头顶上，谎报自己已经16岁了，从此便正式开始了她的教学生涯。没有多久，很多有钱人都把家里的女孩送了来，忙得邓肯只好把寄养在外祖母家里的姐姐招回来帮忙。

由于已经有了几年"舞蹈老师"的经验，几年后邓肯便让母亲带她到芝邓肯的母亲并没有因为女儿的一次当教师游戏而漠然视之，而是顺应孩子的天性，主动为女儿钢琴伴奏，这无疑给了女儿一个不小的鼓舞，并进而促使她成功走上舞蹈之路。

加哥发展。她先在屋顶花园晚会上表演，但觉得这里不仅不能表现她的舞蹈艺术，同时也不能充分展示她的才华，所以她只跳了一个星期，便坚决地辞了这份每周50美元的工作。

然而，这次失败并没有让她灰心丧气，她想再到纽约去闯一闯，那时刚好美国最著名的剧院经理和画家达利先生来到芝加哥。邓肯于是找到了达利。她在达利的面前演讲了一番之后，得到了达利的支持，并因此而得到去纽约演出的机会。16岁时，邓肯因为在纽约的剧院中演出而成名，她的舞蹈让人们看到了一种自然的表演，从而，邓肯便拉开了现代舞的序幕。

> 希望，是一株很难砍死的树，不管你砍掉多少枝干，把它们毁掉，它总是会重新发芽，抽枝的。
>
> ——邓肯

作者: Paul Morand 出版社: Pushkin Press 出版年: 2009年11月

夏奈尔:
母亲教会她裁剪第一件衣服

　　夏奈尔从小看到妈妈给他们做衣服，就围着妈妈不肯离开。她觉得妈妈太神奇了，大块的布料在她手上，用不了多久，就做成一件件漂亮的衣服。由此，她便对服装事业产生了浓厚的兴趣。

夏奈尔（1883~1971），法国人，著名服装设计大师。她从一贫如洗的孤儿成为时装界女王。她以自己的独立和智慧，彻底改变了时尚。

可可·夏奈尔出生在法国巴黎附近的一个小镇，父亲是个推销员，到处推销百货，经常不在家。母亲要照顾5个孩子，终日劳累，身体健康每况愈下。

夏奈尔11岁那年的冬天，窗外北风呼啸，拍得门窗啪啪响。父亲又不在家，母亲病得厉害，不停地咳嗽。夏奈尔在灯下缝她的布娃娃，屋子里冷冷清清的。

"孩子，过来。"妈妈有气无力地招呼夏奈尔。

"什么事？妈妈。"夏奈尔赶快来到妈妈身边。

"冬天到了，你们的棉衣还没做呢，你帮妈妈做棉衣好吗？"妈妈拉着她的手。

"真的吗？你是说，我可以裁大块的布料做棉衣吗？"夏奈尔激动地说。妈妈点点头。

夏奈尔从小看到妈妈给他们做衣服，就围着妈妈不肯离开。

她觉得妈妈太神奇了，大块的布料在她手上，用不了多久，就做成一件件漂亮的衣服。

她要学，妈妈愿意教，像上领子，开口袋这样的活儿，她都会，她缝过许多布娃娃，就是没有正式裁剪过衣服。现在可以在妈妈的指导下裁剪衣服了，可以为妈妈分担家务，她怎能不高兴呢。看着女儿的小手像模像样地飞针走线，妈妈欣慰地笑了。

妈妈去世了，爸爸再也没有回来。夏奈尔和妹妹被送进孤儿院，她在那里一点也不快乐，只有每天晚上的家事课让她感到心情宁静，课上她们要缝制一些婴儿服和床单类的简单物品。

有一次，夏奈尔把婴儿服的样子改了，缝了一件漂亮的小衣服。院长找到裁缝师，说这件小衣服漂亮极了，就照这个式样裁一批。裁缝师满口应承下来，他画了一夜的图纸，眼睛都熬红了，还是不如夏奈尔的设计理想。夏奈尔心想，要是母亲还在的话，看了我的"杰作"该多高兴啊。当然了，如果让我来裁剪，我不会千篇一律，我会让一件衣服一个式样。

后来，夏奈尔到了巴黎，她的朋友发现她自制的帽子很好看，就资助她开了一家女帽店。

那时候的女帽比头小，纯粹是装饰性的，戴不下去。夏奈尔进行了改革，推出较大些实用又漂亮的帽子，很快打开了市场。

夏奈尔又对时装进行创新，运用简洁而不失精美、优雅而不失时尚的直线元素，顺应了第一次世界大战后，职业女性大量涌现的趋势。从此，她的时装事业蓬勃发展。

夏奈尔是20世纪最伟大的女性时装设计师之一，她在20世纪20年代就控制了巴黎时装界。在事业的巅峰时期，她拥有4家商业企业——一家时装公司，一个纺织品企业，一个香水公司和一个服装饰品工厂。也许香水的发明比时装设计更使夏奈尔出名。她的香水简称"夏奈尔五号"，也就是至今风行世界的法国香水，她以此成为百万富翁。

夏奈尔是一位才思敏捷、热情认真、富有神奇魅力的女人。

她的一生自由自在，她把时装作为她的布道坛。她的信息通过巴黎女式时装这个媒介传到千家万户，她以无比的自信控制这个领域近60年。

她是法国社会的宠儿，是20世纪时装界的灵魂，是使妇女脱下繁杂不适的服装的诱导者。她以强烈的自信，独到的见解和坚定的信念，推行和倡导服装的简洁和雅致。她设计了许多永恒的时装，在今天看来仍与第一次亮相时一样时尚，有的甚至比半个世纪前更为时髦。

夏奈尔的大部分创新在当时具有革命意义，如针织服装和套装；配针织套衫的花呢套装；喇叭裤、风雨衣、粗呢夹克、高领毛衣、水兵帽、短鬈发；服装珠宝饰物以及常常配白领白袖的黑色短外衣等。这些设计无疑是对当时时装界的一种巨大冲击。

夏奈尔喜好奢侈并有众多显贵的朋友，但她一直是一个时装民主化的提倡者。

她认为日常生活方式和要求的重大变化，是导致时装大变化的重要原因。她鼓励女人脱下紧身胸衣并剪掉长发，她认为女人最大的问题也是最重要的问题，即是如何使女人恢复青春。漂亮的时装会让女人们对人生的态度发生变化，会生活得更加快乐。

一个对服装裁剪感兴趣，一个又愿意手把手地教，夏奈尔在母亲的影响下很快学会了服装裁剪。学习必须有一种内在的动力，有一种强烈的求知欲望，否则别人教得再多也是徒劳。

在时装界，夏奈尔一直被人们认为是反叛者，人们期待着她惊世骇俗的杰作。她每一次推出自己设计的服装，在时装界都是一次革命，一次轰动。

作为时装女王，夏奈尔在世界时装界的分量是无法估量的。

> 永远要以最得体的打扮出门。
>
> ——夏奈尔

《TIME》时代杂志 1963年7月

希尔顿:
父亲给了他一块地

　　父亲经常给儿子讲经营的道理。儿子稍大一点，父亲划给他一块地。春天的时候，他在自己的土地上种上蔬菜和青豆，放了学就去除草、浇水、施肥。蔬菜和青豆一天天长大，终于到了收获的季节。他学着大人的样子，把自己亲手种的产品拿到集市上去卖。这是他一生中第一笔买卖。

希尔顿（1887~1979），美国酒店业大王。游客在世界各地都能找到希尔顿酒店，他倡导的微笑服务和宾至如归的经营理念使他获得巨大成功。

唐纳德·希尔顿出生在美国新墨西哥州，那里当时是拓荒者的天堂，他的父亲有一大片牧场，还做皮货、羊毛的生意。

童年的唐纳德身体结实，精力充沛，调皮贪玩。上了小学以后，唐纳德还是改不了贪玩的毛病。为了让他收心，好好学习，每当他在家做作业时，母亲就搬个板凳坐在门口，不让儿子跑出去。可是，有一次唐纳德竟然从屋顶的天窗上爬出来往下跳，结果把胳膊摔伤了。

父母想不出更好的办法管住他，就把12岁的儿子送到军事学校去学习。严格的军校生活，使他放任的行为受到约束，养成了遵守纪律和吃苦耐劳的作风，军校生活使他真正长大了。

希尔顿对学习不感兴趣，可是对做生意天生就喜欢。这里的拓荒者都有发财的梦想，他父亲的梦想更多，更活跃，潜移默化地影响了儿子。

父亲经常给儿子讲经营的道理。儿子稍大一点，父亲划给他一块地。春天的时候，他在自己的土地上种上蔬菜和青豆，放了学就去除草、浇水、施肥。蔬菜和青豆一天天长大，终于到了收获的季节。他学着大人的样子，把自己亲手种的产品拿到集市上去卖。当然他会优先卖给母亲，母亲是不会赖账的。对自己辛辛苦苦挣来的钱，希尔顿格外珍惜。

一到假期，小希尔顿就到父亲的商店上班，他喜欢对付顾客的讨价还价，觉得那是一件很有趣的事。慢慢地，他摸准了顾客的心理，就是碰到很难缠的顾客，他也能做成买卖。到了15岁，他学会了进货，再后来，他一个人出去十几天，到周围几百公里的区域去收购货物。他的胆子越来越大，经验也更丰富了。

父亲的生意正红火的时候，经济危机发生了，在一周的时间里，几个商店都出现了亏损，只好关门，剩下一大堆卖不出去的日用品和一所大房子。怎么办？还是父亲经验丰富，他灵机一动，办家庭旅馆是条出路。他家住所靠近车站，太太当厨师，孩子当接待员，房子和日用品都是现成的。很快家庭旅馆就办起来了。尽管全家都很辛苦，但是毕竟没有投入多少资金，还把积压的日用品变成了现金。靠着这个小旅馆，他们赚了钱。这段经历给希尔顿留下了深刻的印象。

> 人们都应该对自己抱最大的希望，发现自己的最大价值。
>
> ——希尔顿

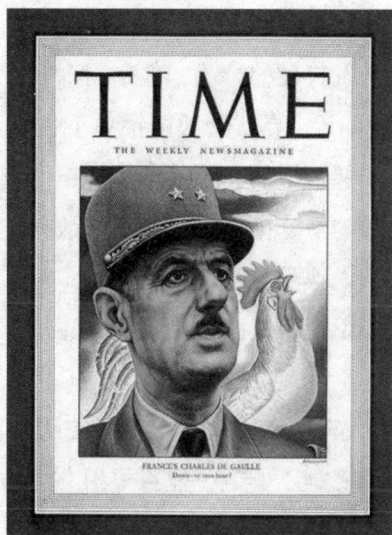

《TIME》时代杂志 1947年11月

戴高乐:
父亲的一句话激发了他的上进心

"你的想法很好,我坚决支持你。可是你现在不刻苦学习,荒废时光,想考上圣西尔军校,那是开玩笑。"父亲用了激将法。父亲的话深深地刺痛了他的自尊心。从此,他像换了一个人,集中精力刻苦学习,终于如愿以偿地考入了圣西尔军校。

戴高乐（1890~1970），法国人，著名政治家。第二次世界大战胜利后，曾担任法国总统和总理。

夏尔·戴高乐出生在一个充满爱国情感和民族自尊心的家庭。祖父是历史学家，祖母是文学家，父亲是学校的校长，曾参加过普法战争，还获得了一枚勋章，戴高乐把它当成宝贝。

戴高乐小时候最喜欢玩打仗的游戏。做游戏的时候，他要求参加的小朋友像真的打仗一样，要服从命令，勇敢战斗，轻伤不下火线。不能叛变投敌，更不能出卖战友。

有一次，他和几个孩子玩打仗的游戏，他是司令官，小弟弟是情报官，他命令弟弟，如果被敌人抓住，要马上把情报吞下去，不能让敌人得到。"战斗"进行得很激烈，传递情报的小弟弟不幸"被俘"了。他来不及吞咽情报，在"敌人"的威逼利诱下，把情报交给了"敌人"。弟弟被放回来。弟弟的行为使司令官大怒，说他没有骨气，把这个"叛徒"揍了一顿。弟弟哭着跑回家，向母亲告状，说司令官骂他是叛徒，还打他。这让母亲又好气又好笑。

戴高乐小时候很聪明，记忆力特别强。为了炫耀他的记忆力，常把单词倒过来背。学校里的课程都难不倒他，他只要用心去学习，就可以名列前茅。可是他的成绩并不好，因为他的兴趣太广泛了。

他喜欢写诗，为了选择一个更美的句子，他可以想一天。他喜欢的小说，非要通宵达旦地读完，第二天就没精神上课了。他还喜欢音乐，父母专门买了钢琴，想培养他的音乐才能，可是他对弹钢琴不感兴趣。充沛的精力，使他一刻也闲不住。父亲看到他把宝贵的聪明才智随意挥霍掉，也为他担心。

有一天，戴高乐放学回家，突然对父亲说："我将来要考圣西尔军校。""你是随便说说，还是认真的？"父亲问他。

"当然是认真的。我要做一名出色的军人，我还要当将军，为祖国的荣誉而战！"小戴高乐严肃地说。

"你的想法很好，我坚决支持你。可是你现在不刻苦学习，荒废时光，想考上圣西尔军校，那是开玩笑。"父亲用了激将法。

父亲的话深深地刺痛了他的自尊心。从此，他像换了一个人，集中精力刻苦学习，终于如愿以偿地考入了圣西尔军校。

戴高乐对法国的贡献是巨大的。是他在第二次世界大战中领导法国人民坚持斗争，维护了法国的尊严，也正是他领导战后的法国逐步跻身世界强国之列。

唯有伟大的人才能成就伟大的事。

——戴高乐

美国邮政总署1998年发行的《希区柯克》纪念邮票小版张

希区柯克：
父亲的"妙计"给了他恐怖和悬念

　　父亲被他惹火了，想出这个法子来整治他。那封信的内容就是请求让警察关他禁闭。这段经历对他心灵产生了巨大的影响，使他日后对恐怖和悬念有着特殊的敏感。

希区柯克（1899~1980），英国人，好莱坞著名导演，举世公认的"悬念大师"。他一生导演监制了59部电影，300多部电视系列剧。他导演的影片以离奇曲折、扑朔迷离著称。

　　希区柯克出生在英国伦敦附近的莱顿斯顿小镇。父亲开着一家蔬菜水果店。父母都是天主教徒，要求全家每周做礼拜，经常向神甫忏悔，接受清一色的天主教教育。

　　希区柯克小时候精力旺盛，十分顽皮，而且对新鲜事物特别感兴趣。四五岁时，他常常把家里人弄得很头疼，不是打破了东西，就是从高处摔下来。

　　在外面也经常惹是生非，不时地会有怒气冲天的邻居敲开他家的门，父亲只好堆着笑脸，出钱赔人家的玻璃或医药费了事。

　　希区柯克8岁的时候，曾幻想自己是一个探险家，瞒着家人经常乘公共汽车环游伦敦，走遍了全城的每一条街道。当时伦敦发生的各种离奇的案件成为他童年时代津津乐道的话题之一。这个小探险家还常常跑到码头上，看着地图，面对茫茫的大海，想像自己到更广阔的世界去尽情遨游。

　　有一次，希区柯克又惹了祸，盛怒之下父亲狠狠打了他一顿。他决心要惩治一下儿子，想出了一条"妙计"。

　　父亲把小希区柯克叫到跟前，交给他一封信，让他按地址把信送去。小希区柯克按地址一个号码一个号码地查找，来到一所大房子前面。门口站着一位警察问他做什么，他就把这封信交给了警察。警察看了信打量了他几眼，然后说："跟我走吧。"他莫名其妙地跟着警察来到一个小房间，警察让他进去然后锁上了门。

　　原来父亲被他惹火了，想出这个法子来整治他。那封信的内容就是请求让警察关他禁闭。这段经历对他心灵产生了巨大的影响，使他日后对恐怖和悬念有着特殊的敏感。

　　希区柯克小学毕业后变得好学起来，后来他考入了伦敦大学。1939年他应邀去好莱坞，次年拍摄了《蝴蝶梦》，获该年度奥斯卡金像奖最佳影片奖。他的主要作品有《讹诈》、《美人计》、《精神变态者》、《群鸟》、

成长启迪：

每个人的一生中都会有一件甚至几件事令他终生难忘。希区柯克小时候被父亲的一次惩罚，对他心灵产生了巨大的影响，使他日后对恐怖和悬念有着特殊的敏感。他拍的电影往往都是悬念迭出，扣人心弦，他的名字也成了悬疑惊悚的代名词。

《摩羯星下》等。其作品情节曲折、气氛紧张，结局往往出人意料。"希区柯克"这个名字再也不仅是一个名字，而是代表了一种电影手法和精神，成了悬疑惊悚的代名词。

> 戏剧就是将生活中的枯燥遗忘。
>
> ——希区柯克

萨特和波伏娃

萨特：
外祖父的藏书成了他最好的朋友

　　萨特自幼身体孱弱，5岁右眼失明。他变得孤僻起来，外祖父的藏书成了他最好的朋友。还不到7岁，他就已经读过伏尔泰、雨果和福楼拜的作品，这些书籍不断地向萨特幼小的心灵注入新鲜的乳汁，为他后来文学创作提供了必要的条件。

萨特（1905~1986），著名哲学家和作家，法国人，存在主义文学的创始人。

萨特出生在巴黎，他的父亲是一位海军军官，在萨特出生后的第二年，父亲便去世了，母亲只好带着刚满一岁的萨特回到外祖父和外祖母的家里。

外祖父是一所大学的德文教授，家里拥有大量的藏书。4岁时小萨特就常常把椅子摞起来，冒着危险爬上外祖父高高的书橱，把书搬下来，学着大人的样子一本正经地看书。

外祖父特意给他找了一套法国诗人莫里斯·布肖的《童话集》。小萨特发现自己无法读懂它，只好抱着书去找妈妈。妈妈的朗读把他带入了一个神奇的世界。不久，他就不满足于听妈妈朗读，自己拿了一本凡尔纳的小说坐在地上，装模作样地一边盯着一行行的文字，一边大声地给自己讲述一个故事。他的举动惊动了家人，外祖父开始教他认字母和字。萨特经常拿起一本内容熟悉的书，一半是背诵一半是拼读，就这样一页一页地翻过，当他看完最后一页时，已经学会阅读了。

萨特自幼身体孱弱，5岁右眼失明。他变得孤僻起来，外祖父的藏书成了他最好的朋友。还不到7岁，他就已经读过伏尔泰、雨果和福楼拜的作品，这些书籍不断地向萨特幼小的心灵注入新鲜的乳汁。

8岁时，外祖父决定送他去上学。在小学校长面前外祖父夸他聪明好学，博览群书，校长把他编入了三年级。然而，第一次听写练习后，看了他涂得乱七八糟的作业，校长认为他只能进一年级预备班。外祖父失望地把他领回了家。

萨特在家里被称为神童，他8岁时开始写小说，一家人常常围坐在一起读他的作品。萨特写武侠小说，也写长篇连载故事。在故事里，他把自己描述成手握宝剑击溃千万大军的英雄。这年夏天，母亲带他去度假。外祖父每星期都给他们写信，还专门给萨特写一些诗歌，萨特也用诗歌给外祖父回信。母亲对他大加鼓励并帮助他完成。

萨特的成名作是1938年出版的长篇小说《恶心》，这是一部带有自传性质的日记体小说，表达了作者存在主义的哲学观点。此外，他还撰写了大量的哲学著作、论文和作家传记，并主办了很有影响的《现代》杂志。1964年他被授予诺贝尔文学奖，但萨特没有接受这一奖金，理由是"谢绝一切来自官方的荣誉"。

> 　　人从他被投进这个世界的那一刻起，就要对自己的一切行为负责。
>
> ——萨特

摄影：Marion S. Trikosko（《美国新闻与世界报道》摄影记者）

撒切尔夫人：
父亲的话让她牢记一生

　　玛格丽特后来从政，与父亲的影响是分不开的。她的父亲没有受过多少正规教育，12岁就辍学了。可是父亲一生艰苦奋斗，勤奋好学，对未来充满信心。经过不懈的努力，他终于被选举为当地小城的市长。他经常教育孩子，在人生中要找准自己的坐标，不要轻易被别人的意见所左右，不能随波逐流，坚持自己的信念，遇到任何困难都不要动摇。玛格丽特把这些话牢记在心。

撒切尔夫人（1925~　），英国历史上第一位女首相，而且连续三次当选，被誉为欧洲政坛上的"铁娘子"。

　　玛格丽特·撒切尔是家中的第二个女儿，父母靠开杂货店维持生活。每天早晨，母亲忙着为一家人准备早餐，父亲忙着准备货物。不用父母明说，她和姐姐就知道该帮着父母干什么活。一家人精打细算地过日子，学费不够，姐妹两人就刻苦学习，争取一些奖学金。

　　她们虽然可以满足温饱，但是没有华丽的衣服，也没有贵重的玩具，很少看电影。上中学后，学校离得远，许多孩子骑自行车上学，可是她和姐姐没有自行车，放了学就赶紧往家跑，抓紧时间做作业。

　　在中学里，玛格丽特并不是特别聪明的孩子，但是她的自律精神很强，对自己要求严格，所以她的各门功课成绩一直是名列前茅。她还多才多艺，她钢琴弹得很好，唱歌也不错，有极佳的音乐天赋。

　　玛格丽特最喜欢的是演讲，她的口才好，思维敏捷。她听完别人的演讲后，总是能提出一些切中要害的问题。后来，她参加了学校辩论俱乐部，辩论的机会多了，她的辩论水平也越来越高。她从小受父亲影响，读过大量的政治、历史、人物传记方面的书籍。所以，她在与别人辩论时，可以引经据典，有理有据，加上她思路清晰，态度自信，为她赢得不少听众。

　　玛格丽特后来从政，与父亲的影响是分不开的。她的父亲没有受过多少正规教育，12岁就辍学了。可是父亲一生艰苦奋斗，勤奋好学，对未来充满信心。经过不懈的努力，他终于被选举为当地小城的市长。他经常教育孩子，在人生中要找准自己的坐标，不要轻易被别人的意见所左右，不能随波逐流，坚持自己的信念，遇到任何困难都不要动摇。玛格丽特把这些话牢记在心。

　　玛格丽特意志力坚强，说到做到。17岁时，她想报考名牌大学，校长认为她应该再读一年，因为她还不具备上大学的条件。比如，进名校要有拉丁语的合格证书，而她根本没有学过拉丁语。平时温文尔雅的玛格丽特，竟然同校长吵了起来，铁了心要提前一年进大学。除了必要的功课，她把全部精力都放在学习拉丁语上，日以继夜，废寝忘食。半年以后，她终于通过拉丁语考试。她总算如愿以偿进入牛津大学。

　　1979年当选为英国首相后，撒切尔夫人连任三届英国首相。在这11年的时间中，她为英国的发展以及英苏关系的正常化作出了巨大贡献，并就香港问题与中国政府达成一致意见，为香港得以在1997年顺利回归中国铺平了道路。

> 　　把每天要做的事，一条条列下来，做好之后，再一项项删去就成了！
>
> 　　　　　　　　　　——撒切尔夫人

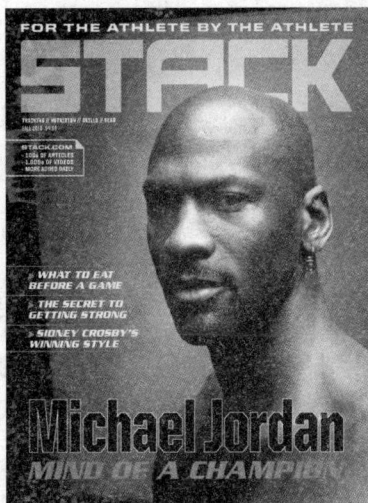

STACK Magazine封面 2010年秋

乔丹：
父亲的因势利导成就了一名空中飞人

　　乔丹在小学读书时不愿动脑筋，父亲本希望他将来能继承自己的事业，做一名机械师，但是看他热衷于各种竞赛，就决定因势利导，指导儿子在后院的简易篮球场上学习打篮球。乔丹很快迷上了这项运动，成为小学篮球队的一名主力。

乔丹（1963~），美国人。篮球明星，绰号"空中飞人"。他带领芝加哥公牛队6次夺得美国职业篮球赛总冠军。

迈克尔·乔丹出生在纽约，在他出生后的日子里，有一段时间好像总是不顺。他刚生下来，鼻子就不停地流血，长到几个月时从床上摔下来，差点夭折。两岁时，他坐在地上看爸爸修车，手却不老实，抓起两根带电的电线，强大的电流把他甩出一米多远，差点要了他的小命。

还有一次，他看到电视里一名运动员驾驶摩托车，飞越很宽的沟堑，非常羡慕。于是他骑上摩托车，带上哥哥拉瑞，一加油门，想冲上一个泥墩后，再飞越一条水沟。泥墩是冲上去了，可是他们连人带车都摔到水沟里，哥俩摔得鼻青脸肿，伤痕累累。虽然挨了父母的痛骂，他还是又偷偷去练了好几次。父亲怕他出危险，就把摩托车卖了。

乔丹在小学读书时不愿动脑筋，父亲本希望他将来能继承自己的事业，做一名机械师，但是看他热衷于各种竞赛，就决定因势利导，指导儿子在后院的简易篮球场上学习打篮球。乔丹很快迷上了这项运动，成为小学篮球队的一名主力。

到了高中，他的个人技术已经很不错了，他想凭他的水平完全可以进学校的一队打主力。没想到一张榜，朋友榜上有名，自己却名落孙山。放学后乔丹跑回家，关上门就大哭起来，这太伤他的自尊心了。"这不公平！"他又跑去找教练，可是教练对他说："你个子不高，反应也不快，打篮球没什么前途。"乔丹失望极了。

校队开始参加地区比赛了，他苦苦央求教练能随队看球。教练同意了他的请求，但让他为其他队员看衣服。当其他同学在球场带球突破、大力灌篮时，他只能着急地守在一堆衣服旁。这对他刺激太大了，从那以后，乔丹开始苦练技术。每天前两个小时跟二队练，后两个小时与一队练，训练结束了，他还加练。篮球成了他的随身物品，只要有篮球架就练投篮。有付出就有收获，他的球技突飞猛进，个子也长高了，他终于走进了一队的大门。

1979年，年仅16岁的乔丹参加了著名的"五星夏令营"，比赛中，他被评为"最有价值球员"。

1980年他进入北卡罗莱纳大学，攻读地理专业。两年后，他参加了全美大学生联赛，一路过关斩将，直到遭遇实力强劲的乔治威大学队。在关键时刻，乔丹的中远距离冷静投篮，球不偏不倚，直入篮筐，领先乔治威队1分，荣获美国大学体育总会篮球冠军。乔丹一时成为全美知晓的大明星。

当记者采访他时，他说，他最感激他的父亲，父亲是他篮球生涯的启蒙老师，他在后院的篮球场上度过了最美妙的童年时光。

1984年，有篮坛飞人之称的迈克尔·乔丹进入美职篮，开始了篮球运动员的职业生涯。他在关键时刻总能展现其神奇，找到办法投篮得分，给对方球队致命一击。

迈克尔·乔丹崇尚体育精神和人格形象，在他成名之后，拥有众多的崇拜者和追随者；同时，以他的形象和影响力促进了许多企业的发展，广告价值在数十亿美元。

1993~1995年乔丹暂时退出公牛队，改打棒球，公牛队输了。其后，他1998年复出任奇才队总教练，可在训练中发生膝部骨折，伤愈后坚持上场，但只打了一次常规赛，在比赛中不幸又发生骨折，错过几场常规赛，因此奇才队未能进入季后赛。1999年1月13日在芝加哥正式宣布退役。

2002年乔丹复出，在与湖人队的比赛中得2分，上场12分钟后退下阵来。乔丹再也无法再现过去的辉煌了，可谓英雄迟暮。但是，神奇乔丹在篮坛给人们留下了许多的精彩瞬间，令人难忘。

成长启迪：

乔丹的父亲并不因为儿子的学业成绩不好而大动肝火，也没有因为孩子不愿继承他的事业而大伤脑筋。相反，他极有耐心地对待儿子，并且因势利导，让乔丹学习打篮球。其实，每一个孩子都有自身的个性与特长，做家长的要学会尊重孩子的个性，让孩子顺其自然地发展，而没有必要将自己的意愿强加给孩子，否则就扼杀了孩子的天性，让孩子失去一个个成才的机会。

> **我可以接受失败，但无法接受放弃。**
>
> ——乔丹

第十周